Pflege
MANAGEMENT

Nicole Ott

# Erfolgsstrategien für die Mitarbeiterführung in der Pflege

## Vorbehaltsaufgaben zuordnen – Assistenzkräfte einsetzen – Arbeitsbedingungen optimieren

schlütersche

**Nicole Ott** ist Unternehmensberaterin für Einrichtungen im Gesundheitssektor (www.qualitaetsberatung-ott.com). Als examinierte Gesundheits- und Krankenpflegerin, Qualitätsmanagerin und langjährige Leistungskraft kennt sie die Abläufe in der Pflege von Grund auf. Ihr Fachwissen gibt sie als Fachautorin und Dozentin der Erwachsenenbildung weiter. Sie ist im gesamten Bundesgebiet für Auftraggeber der privaten Wirtschaft und öffentliche Trägerschaften tätig.

»Wenn wir eine qualitativ hochwertige Pflege leisten wollen, brauchen wir eine moderne Mitarbeiterführung.«

NICOLE OTT

**Bibliografische Information der Deutschen Nationalbibliothek**
Die Deutsche Nationalbibliothek verzeichnet diese Publikation in der Deutschen Nationalbibliografie; detaillierte bibliografische Daten sind im Internet über http://dnb.de abrufbar.

ISBN 978-3-8426-0860-3 (Print)
ISBN 978-3-8426-9106-3 (PDF)
ISBN 978-3-8426-9107-0 (EPUB)


Aus Gründen der besseren Lesbarkeit wurde in diesem Buch gelegentlich die männliche Form gewählt, nichtsdestoweniger beziehen sich Personenbezeichnungen gleichermaßen auf Angehörige des männlichen und weiblichen Geschlechts sowie auf Menschen, die sich keinem Geschlecht zugehörig fühlen.


Lektorat: Claudia Flöer, Text & Konzept Flöer
Covermotiv: Monkey Business – stock.adobe.com
Covergestaltung und Reihenlayout: Lichten, Hamburg
Satz: Sandra Knauer Satz · Layout · Service, Garbsen
Druck und Bindung: Beltz Bad Langensalza GmbH, Bad Langensalza

# Inhalt

## *Die sehr gute Mitarbeiterführung ist in der Pflege möglich*

Die Mitarbeiterführung ist heute eine der wichtigsten Aufgaben von Pflegefachkräften. Ich schreibe hier absichtlich zuerst allgemein von Pflegefachkräften, denn bereits eine reguläre Schichtleitung trägt heutzutage eine große Verantwortung. Die direkte Anleitung und Beaufsichtigung von Pflegehilfs- und Assistenzkräften, die Verantwortung für eine fachlich fundierte Versorgung und Betreuung aller Pflegekunden und das Sicherstellen eines reibungslosen organisatorischen Ablaufs der Schicht ist eine komplexe und fordernde Aufgabe. Denn nicht erst seit der Corona-Pandemie wissen wir, dass Pflegekräfte systemrelevant sind.

Das umfangreiche professionelle Know-how in vielen unterschiedlichen Bereichen ist bei der Führungskraft von heute gefragt. Und je höher Ihre Position ist – von der normalen Pflegefachkraft bis zur Schichtleitung, über die Wohnbereichs- oder Gruppenleitung, hin zur Pflegedienstleitung und schließlich zur Einrichtungsleitung oder Geschäftsführung – desto anspruchsvoller werden die Aufgabenbereiche. Die Führung von Mitarbeiter*innen gehört dabei immer, und in den letzten Jahren immer stärker, zu den unverzichtbaren Kernbereichen. Den Spagat zu finden zwischen Antreiber und Kontrolleur, gleichzeitig aber auch Verständnis zeigen und die soft skills der Mitarbeiter im Blick haben – das ist komplex und nicht immer einfach zu bewerkstelligen.

**»It's a people's business!«**

Im Mai 2010 war der damalige Chef der Deutschen Bank Josef Ackermann in der ZDF-Sendung »Maybritt Illner« zu Gast. Er wurde gefragt, ob es ethisch vertretbar sei, dass manche seiner Bankmitarbeiter*innen Millionen im Jahr verdienen. Wo denn da die Nachhaltigkeit bliebe. Jemand, der mit einem Jahr Arbeit bereits so viel verdient hat, dass er theoretisch bis an sein Lebensende nie mehr arbeiten müsse, dem sei die längerfristige Verantwortung für sein Tun doch gleich, oder? Ackermann gab die lapidare Antwort: »It's a people's business!« Übersetzt: Gute Leute zu bekommen, sei sehr, sehr schwierig. So hänge etwa das Investmentgeschäft maßgeblich von den richtigen Mitarbeiter*innen und den richtigen Köpfen ab. Da es davon nur wenige wirklich Gute gäbe, könnten diese entsprechende Gehälter in Millionenhöhe fordern.

**Komplexe Anforderung und steigende Belastungen**

Ist eine solche Entwicklung nicht längst auch in der Pflegebranche angekommen? Natürlich nicht in Bezug auf die Gehälter, aber in Bezug auf das »people's business«? Haben wir nicht auch immer weniger richtig gute Fach- und Führungskräfte? Ich meine – leider ja. Die Ursachen dafür sind vielfältig: Zum einen leidet die Pflege seit Jahren an einem extremen Personalmangel. Wo generell zu wenig Personal ist, sind zwangsläufig auch zu wenig Führungskräfte auf dem Markt.

Zum anderen sollte uns diese Zahl zu denken geben: Eine engagierte Pflegefachkraft verlässt im Durchschnitt nach 7–8 Jahren für immer den Beruf.[1] Nicht, weil die Schicksale der Pflegekunden sie so sehr belasten und auch nicht, weil die Arbeit mit anderen beteiligten Partner*innen wie Ärzt*innen oder Angehörigen so anstrengend ist, sondern weil sie ausgebrannt und müde ist. Ausgebrannt und müde vor allem deshalb, weil sie so oft am Ende des Arbeitstages das Gefühl haben, »eigentlich heute gar nichts geschafft zu haben!« Permanente Unterbrechungen im Alltag, tausend To do's, die am besten gestern erledigt werden sollten, stetig steigende Anforderungen und hochkomplexe fachliche Anforderungen führen dazu, dass Pflegekräfte häufig alles hinschmeißen (möchten).

Ende April 2021 veröffentlichte der DBfK eine interessante diesbezügliche Pressemitteilung, in der die aktuellen Erkenntnisse zum »Pflexit« nach gut einem Jahr Corona-Pandemie folgendermaßen zusammengefasst wurden: *»Den »Pflexit«, an den laut der jüngsten Umfrage des DBfK etwa 30 Prozent der Pflegenden häufig denken, haben viele Kolleg*innen schon längst vollzogen. Das zeigt eine aktuelle Studie der Arbeitnehmerkammer Bremen und SOCIUM der Universität Bremen, die sich mit der potenziellen Rückgewinnung von Pflegenden beschäftigt. Covid-19 macht das nicht einfacher: Mehr als 30 Prozent der in der Krankenpflege und gut 15 Prozent der in der Langzeitpflege Beschäftigten geben bei der Befragung an, dass die Pandemie ihre diesbezügliche Bereitschaft mindert. Und an eine Verbesserung der Arbeitsbedingungen infolge der Pandemie glauben nur 4 Prozent.*
*Diese Desillusionierung wundert Martin Dichter, den Vorsitzenden des DBfK Nordwest, nicht. »Mit einem Prämienpflästerchen hier und einer Mindestlohnerhöhung dort ist es eben nicht getan. Wir brauchen deutlich überzeugendere Maßnahmen – z.B. ein Bruttoeinstiegsgehalt von 4000 Euro. Für die Gesellschaft wertvolle Tätigkeiten – und dazu gehört die berufliche Pflege in erster Linie – brauchen eine leistungs- und verantwortungsgerechte Vergütung und gesunde Arbeitsbedingungen. Beides ist in der beruflichen Pflege aktuell nicht vorhanden.« Dichter verweist in diesem Zusammenhang auf die Top-10 der Wiedereinstiegskriterien für »Pflexiteers« aus der Bremer Untersuchung:*

- *Wertschätzung durch Vorgesetzte*
- *Zeit für qualitativ hochwertige Pflege*
- *Bedarfsorientierte Personalbemessung*
- *Sensibilität von Vorgesetzten für Belastungen in der Pflege*
- *Tarifbindung*
- *Mehr Zeit für menschliche Zuwendung*
- *Garantie, an freien Tagen nicht arbeiten zu müssen*
- *Betriebliche Interessenvertretung*
- *Höheres Grundgehalt*
- *Höhere Zulagen für besondere Tätigkeiten*

[1] https://www.dbfk.de/manifest/

*»Das sind die entscheidenden Stellschrauben, an denen die Politik drehen muss«, fordert Dichter. »Damit kämen nicht nur Berufsaussteiger/innen zurück, so könnte man auch viele Pflegende zum Aufstocken der Arbeitszeit bewegen«. Hier gibt es der Studie zufolge enormes Potenzial, denn die Teilzeitquote im Land Bremen beläuft sich auf ca.52 % im Krankenhaus, 69 % in der stationären und 79% in der ambulanten Pflege. Hinzu kommen die Abbrecherquoten unter den Auszubildenden bzw. Berufsanfänger/innen: 25% brechen ab und weitere 25 % verlassen den Pflegeberuf in den ersten fünf Jahren nach der Ausbildung. »Auch hier müssen wir genau hinschauen«, sagt Dichter. »Offensichtlich werden junge Pflegende demotiviert, so dass eine berufliche Karriere in der Pflege keine Option ist. Damit wird die Hoffnung auf sinkenden Pflegepersonalmangel durch steigende Ausbildungszahlen zunichte gemacht.«*

**Die gute Mitarbeiterführung als Erfolgsrezept**

Doch Stopp! Es gibt einen Ausweg aus dieser Negativ-Spirale. Eine gute und strukturierte Mitarbeiterführung kann zu Ihrem Erfolgsrezept werden! Aufgaben sinnvoll aufzuteilen, aktiv zu agieren, anstatt von außen getrieben nur passiv zu reagieren, die Vorteile der pflegefachlichen Vorbehaltsaufgaben klug nutzen und die eigenen Mitarbeiter*innen modern zu führen ist kein Hexenwerk.

Werfen Sie mit mir einen kurzen Blick in die Vergangenheit eines Seniorenpflegeheims. Die Bereichsleitungen im Haus schreiben jeden Monat die Dienstpläne für ihre Teams, die Pflegedienstleitung überprüft diese und gibt sie frei. So weit, so gut und deutschlandweit das übliche Procedere. Aber irgendwann funktionierte dieses System nicht mehr! Was war geschehen? Was musste jetzt passieren? Ich sprach darüber mit der PDL Andrea.

**Was waren die Probleme bei Eurer Dienstplanung?**

»Der übliche Weg – die Bereichsleitungen schreiben die Dienstpläne, ich prüfe, ob auch alle arbeitsrechtlichen Vorgaben eingehalten wurden und gebe sie frei – hat immer weniger funktioniert. Gründe gab es dafür viele: Meine Bereichsleitungen haben mir immer öfter berichtet, dass sie kaum noch zu ihrer normalen Arbeit kommen. *»Ich mache den ganzen Tag fast nichts anderes mehr als Dienstplanung! Kompensation bei kurzfristigen Ausfällen, Diskussion mit meinen Mitarbeitern, warum der Kollege XY einen so viel besseren Dienstplan bekommen hat und ein immer größeres ›Wunschkonzert‹ von zunehmend mehr Beschäftigten blockieren meine wertvolle Arbeitszeit!«*, erzählte mir beispielsweise unsere Bereichsleitung Evi.

Und ich musste ihr recht geben: Während wir früher mit einem Früh-, einem Spät- und einem Nachtdienst ausgekommen sind, hat sich schon seit Jahren abgezeichnet, dass das nicht mehr den Bedürfnissen unserer Mitarbeiter entspricht. Eine Kollegin ist alleinerziehend und kann erst frühestens um 08.30 Uhr ihren Dienst beginnen. Ein anderer Mitarbeiter möchte wegen seines Bio-Rhythmus nur Spätdienst arbeiten. Eine dritte Kollegin pflegt ihre Eltern und kann deshalb schlecht am Wochenende arbeiten. Wie Evi formulierte: Das ›Wunschkonzert‹, also die individuellen Bedürfnisse jedes Mitarbeiters, nahm immer mehr Raum ein. Hinzu kam fast gleichzeitig die massive Zunahme pflegefachlicher Anforderungen: Der neue Pflegebedürftigkeitsbegriff, die Umstellung von Pflegestufen auf Pflegegrade, die Einführung des Strukturmodells bei gleichzeitig immer weniger guten Fachkräften – all das brachte unser System komplett an seine Grenzen.«

**Wie habt Ihr darauf reagiert?**
»Du musst Dir das Ganze als Prozess vorstellen – wenn man tagtäglich seiner normalen Arbeit nachgeht, nimmt man zwar viele Dinge wahr, aber es fehlt oft der neutrale Blick von außen, der einzelne Erkenntnisse bündelt, zusammenfasst und Lösungen sucht. An dieser Stelle kamst ja du damals mit an Bord und hast uns unterstützt.«

**Ich erinnere mich sehr gut an eure damalige Situation. Ihr hattest mich zur Hilfe gerufen, weil ihr mit der Umstellung eurer alten AEBDL-Pflegeplanungen auf die SIS® nicht weitergekommen seid. Im Gespräch haben wir dann recht schnell rausgefunden, dass der Hauptgrund dafür die mangelnden Zeitressourcen bei den Leitungskräften war. Deine Bereichsleitungen, deren Vertretungen und auch Du als PDL ward gefühlt nur ans Thema Dienstplan gebunden – für etwas anderes fehlte Euch Zeit und Kraft. Wir haben dann recht schnell herausgefunden: Lösen wir das Thema Dienstplan auf, lösen sich viele andere Anforderungen und Konflikte auch. Weißt Du noch, was wir als ersten großen Schritt gemacht haben?**

»Als wäre es gestern gewesen: Wir haben in einer gemeinsamen Runde zusammengetragen, was meine Bereichsleitungen und ich an Kernaufgaben haben und was generell im Unternehmen aufgrund unserer Rolle von uns erwartet wird. Ich sehe die immer länger werdende Liste noch gut vor mir! Die einzelnen Spiegelstriche haben gar nicht mehr aufgehört:

- die qualitativ hochwertige pflegerische Versorgung jeden Tag sicherstellen,
- komplexer werdende Neuaufnahmen von multimorbiden Pflegekunden durchführen,
- palliative Versorgungen durchführen,
- Arztvisiten vorbereiten, durchführen und nachbereiten,
- Medikamente richten,
- Angehörigenberater sein,

- Mitarbeiterausfälle abdecken,
- neueste Entwicklungen in der Pflegebranche wie eben die Einführung des Strukturmodells begleiten,
- und, und, und

Du hast uns danach gesagt, wir sollten diese Riesenliste auf uns wirken lasse und dann realistisch überlegen, ob überhaupt ein Mensch all diese Aufgaben hundertprozentig und zu seiner eigenen Zufriedenheit jemals wird erledigen können. Unsere Antwort kam schnell: Nein, das würde nicht mal Superwoman schaffen! Also haben wir überlegt: Welche Aufgabe stresst uns alle im Alltag am meisten und frisst die meiste Zeit? Die einhellige Antwort: Die Dienstplanung! Immer komplexere Dienstpläne anhand der Mitarbeiterbedürfnisse schreiben und die Abdeckung der Dienste bei Arbeitsunfähigkeiten regeln waren die wichtigsten Punkte. Du hast uns dann noch zusätzlich auf diese drei Gedanken gebracht:

1. Ist es betriebswirtschaftlich sinnvoll, wenn jede Bereichsleitung lediglich ihren Bereich bei der Dienstplanung betrachtet?
2. Kann eine moderne Form der Dienstplanung nicht auch ein tolles Instrument werden, um Mitarbeiter*innen zu gewinnen und zu binden?
3. Haben wir Pflegefachkräfte eigentlich eine Ausbildung für Dienstplanung gemacht oder eine für qualitativ hochwertige Pflege?

Abschließend war es ganz logisch für uns, dass wir uns ein System erarbeiten, indem der Themenkomplex Dienstplanung (mit allem was dazu gehört – Personalrecruitings, Instrument der Mitarbeiterzufriedenheit, Standby-Diensten etc.) an eine Stabsstelle übergeht. Und das im besten Fall so gut, dass wir Leitungskräfte in der Pflege nie mehr etwas davon hören – die Zentrale Einsatzplanung, kurz ZEP (▸ Kap. 2.2), war geboren!«

**Der Weg zur mustergültigen Implementierung dieser ganz neuen Stelle war nicht immer einfach, aber am Ende eine wirkliche Erfolgsgeschichte! Ich konnte in den letzten Jahren die Idee in vielen weiteren Einrichtungen umsetzen und nicht eine hat die Einführung der ZEP seither bereut. Wie sind dabei deine Erfahrungen Andrea?**

»Seit wir die ZEP eingeführt haben, kommen Bewerber*innen von sich aus auf uns zu und sagen im Vorstellungsgespräch schon mal: »Ich habe gehört, bei Euch kann man zeitlich arbeiten, wie man will?« – Ich muss dann immer lachen! Ganz so ist es nicht, aber klar: Durch unsere ZEP sind wir wesentlich flexibler geworden und haben die individuelle Dienstplanung nach den eigenen Bedürfnissen sogar zu unserem Markenzeichen gemacht. Daran sieht man gut, wie Du schon gesagt hast: Wir Führungskräfte müssen uns immer wieder fragen: Was brauchen meine Mitarbeiter*innen eigentlich gerade? Und daran sollten wir ansetzen.«

Soweit die PDL Andrea. Wie denken Sie darüber? Lesen Sie im zweiten Kapitel des Buches mehr über die ZEP und halten Sie sich immer wieder vor Augen: Gute Mitarbeiterführung ist nicht etwas, was man naturgemäß kann oder nicht kann. Eine professionelle Mitarbeiterführung kann – und sollte! – jede Führungskraft lernen und sich aneignen. Den ersten Schritt haben Sie mit dem Kauf des Buchs getan! Ich wünsche Ihnen viel Vergnügen mit der Lektüre der erfolgreichen Strategien und hoffe, Sie können ganz viel davon in Ihrem Berufsalltag umsetzen.

Gut zu wissen: Bevor Sie Ihre Mitarbeiter*innen führen wollen, sollten Sie zuerst bei sich ansetzen. Nur wer sich selbst gut führt, kann auch andere begeistern und leiten. Im ersten Kapitel dreht sich deshalb alles um Ihre persönliche Rolle als Leitungskraft. Los geht's!

# 1 Vorbild? Selber!

*»Wer sich selbst nicht führt,*
*kann das auch bei anderen nicht tun –*
*Selbstführung tut not.«*

## 1.1 Entwickeln Sie ein (neues) Rollenbewusstsein

Eine Rolle ist die Summe der von einer Person erwarteten Verhaltensweisen, die auf das Verhalten anderer Personen abgestimmt ist. Jede Rolle existiert unabhängig vom Rollenträger. Sie besteht aus allgemeinen Erwartungen, die der Rolleninhaber erfüllen muss. In der Pflegebranche erleben wir es häufiger, dass ein bislang gleichrangiger Kollege plötzlich in eine höhere Position aufsteigt, etwa von der normalen Fachkraft zur Bereichsleitung. Oder ein Kollege geht von der Position der Bereichsleitung direkt in die Position der Pflegedienstleitung. Ist es Ihnen auch so ergangen?

Bei allen neuen fachlichen Herausforderungen, die plötzlich auf einen zukommen, wird der Wechsel in die neue Rolle oft nicht richtig bewusst wahrgenommen. Das bereitet den Nährboden für spätere Konflikte.

**Beispiel** **Neue Rolle, andere Erwartungen**

Die Pflegekraft Katja ist es gewohnt, während ihrer Dienste regelmäßig mit ihren Bereichskolleg*innen eine Rauchpause einzulegen. Als sie einige Monate später in die Position der PDL aufgestiegen ist, verlangt die Geschäftsführung von ihr, die ausufernden Rauchpausen im Unternehmen in den Griff zu bekommen. Katja schreibt eine entsprechende Dienstanweisung. Jetzt sind ihre früheren Kolleg*innen sauer: »Der ist wohl die neue Position zu Kopf gestiegen! Jetzt will sie uns verbieten, was sie selbst immer gemacht hat!«

Das Beispiel zeigt deutlich auf, dass jede Rolle mit unterschiedlichen Erwartungen verbunden ist. Erwartungen, die der Rollenträger an sich selbst hat, aber auch Erwartungen, die andere mit der Rolle verbinden. Im Fall von Katjas Kolleg*innen besteht die Erwartung darin, dass die PDL als Vorbild anders agieren sollte als ein normaler Kollege.

Als Leitungskraft haben Sie gemäß Ihrer Position eine bestimmte Rolle inne. Erschwerend kommt hinzu, dass Sie im Alltag noch viel mehr Rollen innehaben. Als (Leitungs-) Teamkolleg*in, als Ehepartner, als Mutter/Vater, als Kind Ihrer Eltern, als Vereinskollege etc. Experten[2] sind der Meinung, dass kein Mensch mehr als sieben Rollen gut ausfüllen kann. Überprüfen Sie einmal, welche Rollen Sie alle innehaben: Kommen Sie auf mehr als sieben? Dann sollten Sie überlegen, ob es Rollen gibt, die Sie vielleicht sogar ablegen können.

## Übung

### Ihre Rollen

Rollenerwartungen und -konflikte wird es immer geben. Ihre Aufgabe als Leitungskraft besteht darin, sich der Erwartungen von außen bewusst zu werden und Ihre eigenen Erwartungen herauszufinden. Gelingen kann Ihnen das mit dieser siebenschrittigen Übung:

1. Notieren Sie: Welche Führungsrolle im Unternehmen habe ich inne?
2. Was erwarte ich in dieser Rolle von mir selbst? (Möchten Sie z. B. immer gerecht handeln oder erwarten Sie von sich, dass Sie das größte Fachwissen zu einer bestimmten Thematik haben?)
3. Wie kann es mir gelingen, meine eigenen Erwartungen zu erfüllen? (Gut eignet sich dafür ein Brainstorming und/oder die Rücksprache mit einem persönlichen Coach.)
4. Notieren Sie alle relevanten Gruppen (z. B. ehemalige direkte Arbeitskolleg*innen, die neuen Kolleg*innen im Leitungsteam oder externe Kooperationspartner wie Behörden und Firmen, mit denen Sie es in Ihrer Position zu tun haben.)
5. Schreiben Sie auf, welche Erwartungen an Ihre Rolle von diesen verschiedenen Gruppen an Sie geknüpft werden. Was erwarten all diese Menschen von Ihnen?
6. Wie kann es Ihnen ab sofort gelingen, die Erwartungen der einzelnen Gruppen zu erfüllen?

[2] Vgl. Seiwert L (2018): Wenn Du es eilig hast, gehe langsam. Campus, Frankfurt

7. Stellen Sie einen Plan zur Umsetzung Ihrer herausgefundenen Maßnahmen auf und versuchen Sie, ihn im Arbeitsalltag umzusetzen: Ein Beispiel:
   - Ich bin Bereichsleitung im Unternehmen.
   - Um diese Rolle gut auszufüllen, erwarte ich von mir, dass ich immer ein offenes Ohr für meine Mitarbeiter*innen habe. Zusätzlich muss es mir gelingen, zwischen dem Anspruch der Geschäftsführung und den Wünschen und Bedürfnissen meiner Mitarbeiter eine gute Balance herzustellen.
   - Da ich in der Rolle der Bereichsleitung noch recht neu bin, wünsche ich mir persönliche Unterstützung, um die oben genannten Ziele zu erreichen. Eine erfahrene und gute Bereichsleitung als Coach an meiner Seite ist mir für die ersten Monate wichtig.
   - Eine relevante Gruppe sind meine ehemaligen Arbeitskolleg*innen, die mich nun als neue Vorgesetzte akzeptieren sollten.
   - Meine ehemaligen direkten Arbeitskolleg*innen wünschen sich, dass ich für sie kämpfe und ihre Interessen durchsetze. Dafür brauche ich ausreichende Zeitfenster zur direkten Kommunikation, aber auch zur anschließenden Umsetzung der Anliegen.
   - Mein Zeitplan:
     - Jeden ersten Montag im Monat möchte ich zwei Stunden mit meinem persönlichen Coach sprechen. Dabei ziehen wir uns beide aus der direkten Arbeit heraus und nehmen uns Zeit zur Reflexion.
     - Für meine Mitarbeiter*innen biete ich jeden Mittwoch von 10.00–11.00 Uhr eine feste Sprechstunde an; hier können Sie die Rücksprache mit mir suchen und mir ihre Anliegen mitteilen.

## 1.2 Weiten Sie Ihren Horizont

Ihre Mitarbeiterin Melanie möchte ihren Urlaub verschieben und bittet Sie um ein Gespräch. Ihrem Mitarbeiter Karsten fällt auf, dass die Reinigungsqualität im Haus zum wiederholten Male ungenügend ist und er fordert Sie auf, etwas zu unternehmen. Der Steuerberater klingelt durch und möchte den Jahresabschluss mit Ihnen besprechen. Das sind alles wichtige Aufgaben, die erledigt werden müssen. Aber achten Sie darauf, dass Sie von solchen Aufgaben nicht aufgefressen werden.

Als Leitungskraft müssen Sie Aufgaben nicht nur erledigen, sondern selbst eine Agenda setzen:

1. Welche Zukunftsthemen erwarten Sie und Ihr Team?
2. Welche aktuellen Entwicklungen sind in Ihrer Branche zu beobachten?
3. Wie positionieren Sie sich nach außen, z. B. gegenüber externen Kooperationspartnern wie der Heim- und Pflegeaufsicht oder dem MDK zu bestimmten Themen?

Um diese drei Leitfragen gut beantworten zu können, braucht es immer wieder Ihren gezielten Rückzug aus dem Alltag. Verschaffen Sie sich Freiräume für »Denk-Zeit«. Manche eigenen Positionen zu bestimmten Fachthemen müssen sich im Laufe der Zeit immer weiter klären und reifen, ehe sie öffentlich spruchreif sind. Eine solche Weiterentwicklung funktioniert nicht nebenbei im hektischen Arbeitsalltag. Zum Denken brauchen Sie Ruhe, Zeit und Muße.

**Tipp**
Reservieren Sie sich gezielt Zeiten zur eigenen Horizonterweiterung im Kalender. Priorisieren Sie solche Zeiträume als genauso wichtig, wie Zeiträume für alltägliche To-do's.

Ziehen Sie sich in Ihrer Denk-Zeit gezielt an einen ruhigen und inspirierenden Ort zurück. Das kann z. B. die hausinterne Bibliothek sein, wenn Sie Fachzeitschriften oder Fachbücher lesen möchten. Das kann aber auch der Park gegenüber sein, wenn Sie ein kniffeliges Problem durchdenken möchten und gerade am Arbeitsplatz nicht weiterkommen. Der Rückzug auf diese (höhere) Metaebene ist von entscheidender Bedeutung, um Ihre Aufgabe als Agenda-Setzer zu erfüllen. Sie können z. B. die Qualität in Ihrer Einrichtung oder in Ihrem Team gezielt von außen betrachten:

- Welches Qualitätsniveau haben wir bereits erreicht?
- Was möchte ich im nächsten halben Jahr mit meinen Mitarbeiter*innen umsetzen?

Erinnern Sie diese beiden Fragen an den Pflegeprozess? Richtig, auch bei Ihrer regelmäßigen Analyse sollten Sie zuerst den Status quo betrachten – was haben Sie erreicht, was läuft gut? Danach widmen Sie sich dem aktuellen Handlungsbedarf – was läuft noch nicht gut, wo sollten Sie nachbesseren? Und zum Schluss definieren Sie Fernziele:

- »Nächstes Jahr um diese Zeit sollte XY erreicht sein.«
- »Im Jahr 2023 möchte ich diese Vision … umgesetzt haben!«

Nach dem Denkprozess geht es mit den kleinteiligen To-do's weiter, z. B. der Rücksprache mit Ihren leitenden Mitarbeiter*innen, der Entwicklung von Projektplänen etc. Aber am Anfang müssen zuerst die grundsätzliche Richtung und die grundsätzlichen Ziele definiert sein. Um diese herauszufinden und zu filtern braucht es Ihren weiten Horizont und Ihre gezielte Denk-Zeit.

## 1.3 Strukturieren Sie Ihre To-do's und optimieren Sie Ihre Arbeitszeit

Schwimmen Sie auch manchmal vor lauter Aufgaben, die jetzt gleich und am besten gestern erledigt sein sollten? Fragen Sie sich manchmal am Ende eines Arbeitstages, was Sie heute eigentlich geleistet haben? Keine Angst, mit diesen Gefühlen sind Sie nicht allein. Viele Führungskräfte in der Pflege haben nie richtig gelernt, wie man systematisch strukturiert und priorisiert.

Diese Themen sind leider auch bei Weiterbildungen kein regelmäßig wiederkehrendes Thema und werden oft eher nebenbei abgehandelt. Erschwerend kommt hinzu, dass Pflegefachkräfte gern zuerst auf dem Appell-Ohr hören. Das führt schnell zu einer Situation, wie ich Sie kürzlich in einer stationären Pflegeeinrichtung erlebt habe.

*Beispiel* **»Jetzt ... sofort ... zackzack!«**

Die PDL Irina arbeitet in einer Einrichtung, die zu einer großen Kette gehört. Oft gesehen hat sie die Regionalleiter nicht. Doch heute – Irina ist gerade schnellen Schrittes zu einem Seniorenzimmer unterwegs – sieht sie zu ihrem Erstaunen den Bezirksleiter vor sich.
Er grüßt kurz und drückt ihr ein Formular in die Hand. Irina kann kaum einen Blick darauf werfen, da hört sie den Bezirksleiter auch schon sagen: »Diese Statistik müssen Sie in Zukunft jeden Monat vorbereiten. Ich erkläre Ihnen kurz, wie es geht, dann machen Sie die Auswertung allein fertig und schicken sie mir zum Drüberschauen. – Wo war nochmal ihr Büro?«

Ja, das muss man erst einmal durchatmen. Solche Überfälle, die den Eindruck vermitteln, dass von jetzt auf gleich diese und jene Sache sofort geschehen muss, haben Sie bestimmt auch schon erlebt. Hand aufs Herz: Was davon war wirklich so überlebenswichtig, dass es nicht auch noch hätte warten können? Denkt man einmal in Ruhe darüber nach, ist die Antwort in 99 Prozent der Fälle: Nichts davon.

**Tipp**

Nehmen Sie deshalb Anfragen gerne entgegen, bearbeiten Sie sie aber nicht immer gleich und sofort. Fragen Sie sich stattdessen:

1. Ist das meine Aufgabe?
   Sind Sie wirklich dafür verantwortlich und zuständig, oder möchte Ihr Gegenüber die Aufgabe lediglich (an irgendjemanden) weitergeben?
2. Wie dringend ist die Aufgabe?
   Priorisieren Sie unbedingt. Möchte sich z. B. ein Pflegekunde akut beschweren, sollten Sie als Gesprächspartner ohne große Verzögerung zur Verfügung stehen. Möchte sich dagegen ein Mitarbeiter über seinen Dienstplan für den nächsten Monat beschweren, dann bitten Sie ihn, sich einen Gesprächstermin bei Ihnen geben zu lassen.

Ich rate Ihnen sowohl Ihre regulären festen Aufgaben im Unternehmen, als auch akute, ungeplante Aufgaben mittels Kalendersystem oder Wiedervorlagemappe (WV-Mappe) zu strukturieren. Ich persönlich bin ein Fan von WV-Mappen und kann dieses Organisationssystem nur empfehlen. Wenn ich etwa einen Termin für eine Schulung am 10. September vereinbare, lege ich mir alle diesbezüglichen Unterlagen am 10. in die Mappe und mache mir folgende Wiedervorlagen:

- 10. August: Schulung vorbereiten und offene Fragen mit dem Veranstalter abklären,
- 10. September: Schulung durchführen.

Zerlegen Sie auf diese Weise Ihre Aufgaben in Einzelschritte und klaren Terminen, erarbeiten Sie sich im Laufe der Zeit einen sinnvoll strukturierten Tagesplan. Sie schlagen Ihre WV-Mappe jeden Morgen auf und sehen, was heute zu tun ist. Das hilft enorm, dass sich die Aufgaben nicht ballen und Sie nicht ins Schleudern kommen. Sehe ich etwa, dass am 10. August schon sehr viele To-do's in der Mappe sind, verschiebe ich die Vorbereitung der Schulung auf den nächsten Tag. Zeit genug ist ja noch.

## 1.4 Übernehmen Sie Verantwortung



Gerade wenn Sie erst kürzlich in eine Leitungsposition gewechselt sind, sollten Sie Ihre Stellenbeschreibung und Ihr Aufgabenprofil genau unter die Lupe nehmen. Für was genau sind Sie verantwortlich? Überprüfen Sie das zum einen anhand der schriftlichen Vereinbarungen und zum anderen anhand der Erwartungen, die in der Realität an Sie gestellt werden.

Zu Ihrem Aufgabenprofil gehört z. B. laut Stellenbeschreibung die Gesamtverantwortung für den Bereich Aus-, Fort- und Weiterbildung. Im Arbeitsalltag stellen Sie aber fest, dass in diesem Bereich noch viele andere Menschen involviert sind, so die Verwaltung, die für die Teilnehmerlisten und das Nachfassen zuständig ist, aber auch Fachkräfte mit Weiterbildung wie die Fachkraft für Medikamentenversorgung, die eigenständig ihre Schulung der Mitarbeiter organisiert etc. Jetzt sollten Sie klar absprechen und dokumentieren: Wer ist wem gegenüber weisungsbefugt? Was genau verbirgt sich hinter Ihrer »Gesamtverantwortung«? Mit einem strukturierten Plan Ihrer Zuständigkeiten vermeiden Sie spätere Missverständnisse von Anfang an.

Sind Ihre Aufgabengebiete und Verantwortlichkeiten definiert, sollten Sie überlegen, was das jeweils für die tägliche Arbeit bedeutet. Kein Chef wird Ihnen sagen, dass zur »Gesamtverantwortung Aus-, Fort- und Weiterbildung« gehört, sich regelmäßig über die Fortbildungsangebote von externen Dienstleistern zu informieren. Das versteht sich von selbst. Bekommt man neue Aufgaben übertragen und keine gute Einarbeitung oder Übergabe, fragt man sich als Neuling aber schon einmal: »Was gehört denn nun automatisch dazu? Was wird von mir erwartet?«

Als Praxishilfe können Sie sich bei dieser Frage an den beiden Säulen »Qualitätssicherung« und »Qualitätsweiterentwicklung« orientieren. 60 Prozent Ihrer Arbeit als Führungskraft sollten Sie mit Qualitätssicherung verbringen und 40 Prozent mit der Weiterentwicklung der Qualität im Unternehmen. Wenn Sie im also bisher lediglich verwaltet, also jedes Jahr den Fortbildungsplan geschrieben und sich rein um alles Organisatorische gekümmert haben, haben Sie bestenfalls Ihre Aufgabe der Qualitätssicherung erfüllt. Aber Qualitätsweiterentwicklung war noch kein Thema. Hier sollten Sie schleunigst überlegen, wie Ihnen diese auf diesem Gebiet gelingen kann.

**Fazit**

Denken Sie immer daran: Sie sind als Führungskraft kein Sachbearbeiter, also kein reiner Verwalter. Sie sind aktiver Gestalter und das impliziert die Übernahme von der oben definierten umfassenden Verantwortung für das eigene Aufgabengebiet.

## 1.5 Treten Sie souverän und selbstsicher auf

»Letzte Woche war ich bei einem Vortrag zum neuen Personalbemessungsgesetz. Ich konnte nur staunen, welche fundierten Rückfragen meine Kolleg*innen aus anderen Einrichtungen gestellt haben und habe teilweise nur Bahnhof verstanden. Ich hatte noch überhaupt keine Zeit, mich damit näher zu beschäftigen. Mein Eindruck war: Alle sind schon voll im Thema drin, nur ich noch nicht. Das hat mich sehr verunsichert«, berichtete mir neulich die Geschäftsführung einer stationären Einrichtung. Können Sie ihr das auch gut nachfühlen? Wir werden immer wieder mit Situationen konfrontiert, die uns verunsichern oder vielleicht sogar ratlos zurücklassen. Manches macht uns sauer und wütend, bei manchem werden wir euphorisch und wollen unserem Gegenüber am liebsten um den Hals fallen. Aber: Jede dieser Reaktionen wäre falsch! Machen Sie sich immer wieder bewusst: Von einer Leitungskraft wird weitgehend neutrales Verhalten erwartet. Sie stehen stets im Fokus der Öffentlichkeit und müssen so viele unterschiedliche Wahrnehmungen und Bedürfnisse bedienen, dass Sie mit einem in sich ruhenden und selbstsicheren Verhalten am besten fahren.

Würden Sie einen Mitarbeiter etwa bei einem positiven Arbeitsergebnis gleich um den Hals fallen, werden das alle Kolleg*innen, die das sahen, in Zukunft bei guten Leistungen auch erwarten. Reagieren Sie bei einem anderen Kollegen dann weniger euphorisch, besteht schnell die Gefahr, dass er es persönlich nimmt, deshalb: Treten Sie als Führungskraft immer zurückhaltend, selbstsicher und souverän auf.

Ein gutes Verfahren für das eigene Verhalten und Auftreten sind die drei Gesprächsgrundhaltungen nach Carl Rogers: Kongruenz – Empathie – Wertschätzung.

**Kongruenz** meint »Echt-sein«: Spielen Sie nichts vor und probieren Sie nicht, jemand anders zu sein. Sie sind wertvoll, so wie Sie sind – treten Sie deshalb immer als Sie selbst auf und spiegeln Sie Ihre Empfindungen und Gefühle ehrlich wider.

**Empathie** meint »Einfühlsam-sein«: Sich in sein Gegenüber einfühlen, den – vielleicht zur eigenen Position gegensätzlichen – Standpunkt verstehen und die Bedürfnisse seines Gegenübers auch zu berücksichtigen, ist eine wichtige Eigenschaft von Führungskräften. Wer versucht, auf Teufel komm' raus immer den eigenen Standpunkt durchzusetzen, wird scheitern.

**Wertschätzung** meint respektvolles Verhalten. D. h. sein Gegenüber akzeptieren, und übrigens auch sich selbst. Carl Rogers definiert die beste eigene Grundhaltung mit: »Ich bin ok, du bist ok.« Sowohl »Ich bin nicht ok, du bist ok« als auch »Ich bin ok, du bist nicht ok« und auch »Ich bin nicht ok, du bist nicht ok« sind destruktiv und führen im zwischenmenschlichen Kontakt zu unnötigen Spannungen. Überprüfen Sie Ihre eigene Haltung: Gehen Sie mit der Einstellung »Ich bin ok, du bist ok« auf Ihre Gesprächspartner zu? Falls nicht, sollten Sie an Ihrer Grundhaltung arbeiten. Eine guter Tipp dafür ist beispielsweise die Rücksprache mit Ihrem persönlichen Coach: Fragen Sie sie oder ihn, wie er es schafft, sein Gegenüber zu akzeptieren, und natürlich auch sich selbst.

## 1.6 Stellen Sie sich auch unangenehmen Aufgaben

Leiden Sie auch hin und wieder unter »Aufschieberitis«? Ganz besonders unangenehme Aufgaben schiebt man gern auf die lange Bank, oder noch besser: Man versucht, der Aufgabe gleich ganz aus dem Weg zu gehen. Das »noch besser« ist in diesem Fall ironisch gemeint, denn weder Aufschieben noch aus dem Weg gehen ist einer Führungskraft würdig. Als Führungskraft sind Sie auf den Respekt Ihrer Mitarbeiter*innen angewiesen. Vielleicht haben Sie es während Ihres beruflichen Werdegangs auch schon erlebt: Führungskräfte, hinter deren Rücken jeder Mitarbeiter den Kopf schüttelt, haben verloren. Sie gelten bestenfalls noch als »lame ducks«, also lahme Enten, die nur (noch) ihre Zeit absitzen, die sich aber weder durchsetzen noch etwas erreichen können.

Echte Führungspersönlichkeiten werden respektiert, weil sie sich z. B. auch vor unangenehmen Aufgaben nicht drücken. Ein Negativ-Beispiel aus der Praxis, das verdeutlichen soll, was ich damit meine: Eine stationäre Pflegeeinrichtung hat vorgegeben, dass die Schichtleitung im Früh- und im Spätdienst keine feste Gruppe an Pflegekunden mehr hat, die sie versorgt. Stattdessen lautet die Vorgabe der PDL: Am Morgen und am Abend versorgt die Schichtleitung immer fünf Pflegekunden des Bereichs. Welche fünf das sind, möge sie jeweils aufgrund ihrer fachlichen Einschätzung neu definieren, etwa der Pflegekunde, der gestern aus dem Krankenhaus kam oder der Pflegekunde, dessen Wunde sich verschlechtert hat. Manche Pflegefachkräfte des Bereichs konnten mit dieser Verantwortung nicht umgehen und teilten sich selbst jeden Tag die in der Versorgung leichtesten Pflegekunden. Die Pflegehilfskräfte des Bereichs durchschauten dieses Vorgehen sofort. Das Ansehen und der Respekt gegenüber den betreffenden Fachkräften waren schnell im Keller.

Dieses Beispiel verdeutlicht, wie viel Selbstdisziplin und innere Stärke Sie als Führungskraft brauchen. Das bedeutet dann z. B. oft nicht, den leichten Weg zu gehen, sondern den fordernden. Als Rat für die Praxis lege ich Ihnen als Herz: Schieben Sie unangenehme Aufgaben nicht lange auf, sondern widmen Sie sich ihnen sofort. Je länger etwas Unangenehmes auf dem Schreibtisch liegt, desto größer werden der Druck und der eigene Widerwillen. Tatsächlich loszulegen und den ersten Schritt zu gehen wird in der Folge immer schwieriger. Deshalb: Erledigen Sie unangenehme Aufgabe sofort.

**Tipp**
Belohnen Sie sich nach der erfolgreichen Erledigung, indem Sie sich entweder an diesem Tag nur noch den Aufgaben widmen, die Sie gern machen oder sich etwas Besonderes, wie z. B. ein gutes Frühstück, gönnen.

## 1.7 Ernähren Sie sich gesund

Jede Führungskraft braucht gute Nerven und ein dickes Fell. Ernähren Sie sich von Fertiggerichten, Fast Food und Süßigkeiten stehen Ihrem Körper nicht die Nähr- und Ballaststoffe zur Verfügung, die er braucht. Die Folge? Sie werden schneller gereizt und dünnhäutiger. Studien deuten darauf hin, dass die Zusammensetzung der Nahrung auch unsere Emotionen wie Aggressivität oder Sozialverträglichkeit beeinflusst.[3] Legen Sie deshalb großen Wert auf eine gesunde und ausgewogene Ernährung. Frühstücken Sie immer vor Ihrem Dienst, sodass Sie schon gestärkt auf der Arbeit ankommen. Gut eignen sich dafür z. B. ein belegtes Brot und ein Smoothie oder ein gesundes Porridge mit frischen Früchten. Nehmen Sie sich als Zwischensnack Reiswaffeln, Obst oder appetitlich geschnittenes Gemüse wie Möhren oder Kohlrabi mit. Bekommen Sie am Vor- oder Nachmittag trotz dieser Zwischensnacks Heißhunger auf Süßes, trinken Sie ein großes Glas warmes Wasser. Das füllt den Magen und kann Hungerattacken ebenso kompensieren wie etwa ein kurzes Aus-dem-Raum-Gehen. Richtige Heißhungerattacken halten selten länger als 15–20 Minuten an. Erledigen Sie in dieser Zeit doch bewusst etwas an einem Ort, an dem keine Süßigkeiten in greifbarer Nähe sind.

Essen Sie mittags auf der Arbeit warm, entweder in der eigenen Kantine oder außerhalb. Auch im Jahr 2020 war die Currywurst mit Pommes übrigens eines der beliebtesten Kantinenessen in Deutschland. Sie schmeckt ja auch echt gut, achten Sie nur bitte darauf, dass die Currywurst oder das beliebte SchniPPo (Schnitzel mit Pommes) nicht täglich auf Ihrem Speiseplan stehen. Öfter einmal einen Salat oder warmes Gemüse mit Nudeln und Kartoffeln ist ungemein bereichernd. Natürlich können Sie sich auch etwas vorkochen und zum Aufwärmen mitbringen, das ist meist sogar die gesündeste Art, jedoch ist es auch eine Zeitfrage. Am Abend zu Hause sollten Sie warm oder kalt essen, jedoch nicht ganz so reichlich. In der Nacht sollte Ihr Körper sich aufs Schlafen konzentrieren und nicht so sehr große Mengen von Essen verdauen.

[3] Wissen aktuell: Der Kopf isst mit! – Wie Essen unser Denken beeinflusst. https://www.3sat.de/wissen/wissen-aktuell/wissen-aktuell-der-kopf-isst-mit----wie-essen-unser-denken-beeinflusst-100.html

Zu einer vollwertigen Ernährung gehört auch das Trinken: Trinken Sie über den Tag verteilt bitte nicht nur Kaffee, sondern auch viel Wasser, leichte Fruchtschorlen oder ungesüßten Tee.

## 1.8 Achten Sie auf eine vorbildliche Pausenkultur

Der Tipp zur Ernährung leitet perfekt über zu einer vorbildlichen Pausenkultur. Wie machen Sie bisher Pause? Zwischen Tür und Angel oder im Rahmen eines gezielten Rückzugs, vielleicht sogar außerhalb des Unternehmens? Letzteres ist auf jeden Fall zu bevorzugen. Bei einigen der vorherigen Tipps haben Sie schon etwas von Ihrer Rolle und Ihrer Vorbildfunktion gehört. Diese gilt nicht nur für die Übernahme von Verantwortung oder für Ihr Auftreten, sondern auch für die Art und Weise, wie Sie Pause machen. Hektisch zwischen Tür und Angel oder vielleicht sogar an stressigen Tagen gar nicht? Das darf nicht sein. Nicht nur, weil es für Sie selbst nicht gut ist. Sondern auch, weil Sie ein Vorbild für Ihre Mitarbeiter*innen sind. Mag man es an manch stressigen Tagen auch noch so sehr glauben: Es stimmt nicht, dass keine Zeit für Pause ist. Ackert man nur durch, um möglichst viel zu schaffen, ist das ein Trugschluss, denn die Qualität der eigenen Arbeit leidet immer. An einem 8-stündigen Arbeitstag sind eine große oder zwei, drei kleine Pausen Voraussetzung, um produktive Arbeit zu leisten.

Gehen Sie deshalb mit gutem Beispiel voran und machen Sie bewusst und in Ruhe Pause. Nehmen Sie in dieser Zeit keine Anrufe und auch keine »Es-geht-ganz-schnell-Gespräche« an. Es kann am Anfang sein, dass Sie Ihre Pausenzeit verteidigen, oder sogar gegen Widerstände durchsetzen müssen. Ich kann Ihnen versichern: Diesen Kampf, den Sie kämpfen, kämpfen Sie für alle Mitarbeiter*innen im Unternehmen. Denn wo einer Leitungskraft keine Regenerationszeit zugestanden wird, wird das auch bei einem Basis-Mitarbeiter nicht akzeptiert. Und das ist schlecht für ein Unternehmen. Bleiben Sie hartnäckig und konsequent. Nach einer Weile werden sich all Ihre Kolleg*innen daran gewöhnt haben und vielleicht verändert sich dadurch ja auch die ganze Pausenkultur in Ihrem Unternehmen. Das wäre klasse!

## 1.9 Balancieren Sie Arbeits- und Privatleben klug aus

Für Sie ist es selbstverständlich, telefonisch erreichbar zu sein? Sie gehen auch am Abend noch einmal in Ihr berufliches E-Mail-Konto und bearbeiten schnell das Wichtigste? Sie haben auf der Arbeit immer eine offene Tür für Ihre Mitarbeiter*innen und sind stets ansprechbar? Das ist prima – aber in der Regel nur für Ihren Arbeitgeber...

In den letzten Jahren hat sich immer mehr die Erkenntnis durchgesetzt, dass die permanente Erreichbarkeit von Führungskräften nicht zielführend ist.[4] Eine gesunde Work-Life-Balance ist wichtig, um nicht permanent in einen Status der Überforderung zu kommen. Sie sollten bedenken, dass nicht nur die fachlichen Anforderungen immens gestiegen sind. Auch die Anforderungen im privaten Bereich sind in den letzten Jahren immer mehr geworden. Alles unter einen Hut zu bekommen, ist nicht einfach.

**Tipp**

Um unnötigen Stress zu vermeiden, rate ich Ihnen, Ihr Arbeits- und Ihr Privatleben klug auszubalancieren. Das bedeutet vor allem eine strikte Trennung. Stellen Sie sich die Tür zu Ihrer Arbeitsstätte wie eine Schleuse vor. Sobald Sie dort durch die Tür gehen, sind Sie komplett auf Arbeit programmiert. Sie geben Ihr Bestes und sind mit voller Konzentration dabei. Verlassen Sie die Arbeit durch die Schleuse, dann sind Sie auf Privat/Freizeit programmiert. Lassen Sie die Arbeitsthemen hinter sich und beschäftigen Sie sich nicht mehr damit.

Natürlich gibt es immer wieder Ausnahmen: Aufregende Situationen oder wichtige Projekte werden Sie auch hin und wieder noch zu Hause beschäftigen. Das sollte aber die absolute Ausnahme sein! Grenzen Sie sich klar ab und unterstützen Sie beispielsweise kein selbstverständlich-eingeschlichenes System, das die private Erreichbarkeit jeder Leitungskraft voraussetzt. Oft suggeriert einem der Arbeitgeber, das so etwas in der eigenen Position doch selbstverständlich sei. Nein, das ist es nicht. Es ist nicht selbstverständlich, dass Kolleg*innen oder Mitarbeiter*innen Sie in Ihrer Freizeit mit Arbeitsthemen kontaktieren. Diese (unverschämte) Erwartungshaltung des Arbeitgebers sollten Sie konsequent durchbrechen.

---

[4] »Ausmachen, abschalten«. https://www.igmetall.de/im-betrieb/gesundheit-und-arbeitsschutz/ausmachen-abschalten

## 1.10 Optimieren Sie Ihre Arbeitszeit und machen Sie pünktlich Feierabend

Kennen Sie das auch? An manchen Tagen will die Arbeit einfach kein Ende nehmen: Konzepte müssen evaluiert werden, Gespräche mit Mitarbeiter*innen stehen auf der Tagesordnung, externe Kooperationspartner rufen an, Projekte sind weiter zu bearbeiten etc. Manchmal hat man als Führungskraft den Eindruck, dass der pünktliche Feierabend die Ausnahme ist. Doch Stopp: Das darf nicht die Regel sein! Mit ein paar einfachen Tipps gelingt es Ihnen ab sofort immer, Ihren Feierabend pünktlich einzuläuten. Denken Sie an Ihre eigenen Kraftreserven. Nur wer seine Arbeit pünktlich beendet, dem bleibt auch genug Zeit, sich zu erholen und seine Akkus wieder aufzuladen – und das brauchen Sie bei Ihrer fordernden Arbeit. Mit den richtigen Rahmenbedingungen, einer sinnvollen Eigenorganisation und der gezielten Nutzung des Endspur-Effekts sind Sie in Zukunft auf einem guten Weg, um mit den eigenen Kraftreserven gut umzugehen.

### 1.10.1 Schaffen Sie die richtigen Rahmenbedingungen

Verlässliche Handlungsanleitungen geben Sicherheit und sorgen für klare Abläufe im ganzen Unternehmen. Nehmen Sie Ihr Aufgabenprofil als Führungskraft unter diesem Fokus unter die Lupe und überlegen Sie anhand dieser drei Leitfragen:

1. Sind alle Dinge eindeutig geregelt?
2. Passiert es oft, dass »ganz plötzlich« jemand etwas von Ihnen möchte?
3. Gibt es zu den definierten Zeiten für Ihre Tätigkeit viele spontane Dinge oder können Sie den überwiegenden Teil vorausschauend planen?

Gerade an der vorausschauenden Planung sollten Sie gegebenenfalls arbeiten. Als Orientierung dienen dabei die folgenden Kennzahlen: 80 Prozent der täglichen Arbeit sollte im Voraus planbar sein und auch geplant werden. 20 Prozent Ihrer Zeit reservieren Sie für Spontanes. Stellen Sie anhand der drei Leitfragen nun aber fest, dass z. B. Sie in Ihrer reservierten Bürozeit fast nur mit spontanen Dingen, die überfallartig auf Sie einprasseln, beschäftigt sind, dann setzen Sie dort an: Versuchen Sie die Rahmenbedingungen so anzupassen, dass die 80/20 Prozent-Regelung erfüllt wird.

### 1.10.2 Perfektionieren Sie Ihre sinnvolle Eigenorganisation

Während aller Tätigkeiten ist es wichtig, dass Sie den Gesamtüberblick behalten. Und zwar sowohl über alle anfallenden Aufgaben als auch über die damit verbundenen organisatorischen Anforderungen. Ich komme in der Praxis am besten mit diesen zwei Instrumenten zurecht: Der Wiedervorlagemappe und einem täglichen To-do-Plan.

In der **Wiedervorlagemappe** (WV-Mappe) lege ich tagesaktuell alle wichtigen Informationen ab – und kümmere mich erst wieder um sie, wenn es nötig ist (▶ Kap. 1.3). Der **tägliche To-do-Plan** ergibt sich, wie der Name schon sagt, aus den tagesaktuellen Aufgaben in meiner WV-Mappe. Ich schlage die Mappe am aktuellen Tag auf und entnehme alle Aufgaben und To-do's, die darin liegen.

**Tipp**

Schreiben Sie auf einen Zettel, was Sie heute und bis wann erledigen. Alles, was Sie bis zum Feierabend nicht geschafft haben, verschieben Sie auf den nächsten Tag. So geht nichts mehr unter und Sie erschaffen sich selbst eine gute Tagesstruktur.

### 1.10.3 Nutzen Sie den Endspurt-Effekt

Sie kennen doch sicher den Spruch: »Der Weg ist das Ziel!« Wissenschaftler haben unlängst herausgefunden, dass wir ein Ziel eher erreichen, wenn wir den Weg dahin in einzelne kleine Etappen aufteilen. Das hat mit dem Endspurt-Effekt zu tun: Je näher wir dem Ziel kommen, desto mehr strengen wir uns an, es zu erreichen. Versuchen Sie also nicht, große Projekte an einem einzigen Tag komplett umzusetzen. Dies wird nicht funktionieren und Sie eher frustriert zurücklassen. Überlegen Sie sich dagegen ganz gezielt: Was ist heute mein übergeordnetes Ziel? Pünktlich Feierabend zu machen. Wie erreiche ich das? Indem ich meine Arbeit von Beginn an so strukturiere, dass ich realistisch bis zum Schluss mit allen Anforderungen fertig werden kann. Eine entsprechende Tagesplanung, wie eben vorgestellt, hilft dabei ungemein.

***Wichtig*** **Setzen Sie klare Grenzen**

Ein ausgewogenes Geben und Nehmen ist unerlässlich für Ihren inneren Frieden und für den angestrebten pünktlichen Feierabend. Manchmal haben Sie Kapazitäten, um eine Zusatzaufgabe zu übernehmen – manchmal aber auch nicht. Kommunizieren Sie mit Ihren Vorgesetzten und Kolleg*innen offen und setzen Sie immer wieder klare Grenzen.

# 2 Beruf und Familie? Durchaus vereinbar!

*»Es gibt auch ein Dienstplanmanagement nach Bedarf!«*

Ein strategisches Dienstplanmanagement musste schon immer viele verschiedene Anforderungen erfüllen: Es sollte eine zuverlässige Planung der Einsatz- und Freizeiten aller Mitarbeiter*innen garantieren, den Bedürfnissen der Pflegebedürftigen möglichst entgegenkommen (Stichwort »Bezugspflege«), dabei arbeitsrechtliche Aspekte beachten und die wirtschaftlichen Belange des Unternehmens berücksichtigen. Im Pflegebereich war und ist diese Aufgabe seit Jahrzehnten traditionell bei den Wohnbereichsleitungen und der Pflegedienstleitung angesiedelt. Seit Mitte der 2000er Jahre zeichnet sich aber in vielen Einrichtungen immer deutlicher ab, dass es diesen Leitungskräften in der Pflege kaum mehr möglich ist, den ganzen oben genannten Aspekten gleichermaßen gerecht zu werden.

Warum ist das so? Was hat sich in der Arbeits- und Lebenswelt so gravierend verändert, dass der Spagat einer Führungskraft in der Pflege zwischen ihren Kernaufgaben und den Anforderungen eines soliden Dienstplanmanagements nicht mehr möglich ist? An erster Stelle ist hier sicher der allmähliche Generationenwechsel innerhalb der Arbeitnehmerschaft zu nennen.

Gegenwärtig ist davon auszugehen, dass der Bedarf und die Anforderungen an Fachkräften in Zukunft weiter zunehmen werden. Dies hat zur Folge, dass Sie sich als Arbeitgeber*innen zugkräftige Argumente überlegen müssen, weshalb die gesuchten Fach- und Führungskräfte ausgerechnet bei Ihnen arbeiten sollen – und nicht bei Ihrem Wettbewerber. Aktuelle Untersuchungen zeigen immer wieder auf, dass gerade jüngere Beschäftigte die Attraktivität ihres Unternehmens nicht mehr vorrangig nur über das Gehalt definieren. Das Arbeitgeber-Bewerbungsportal kununu.com hat im Jahr 2016 ausgewertet, nach welchen Arbeitgeberleistungen qualifizierte Bewerber*innen besonders häufig suchen: Mit Abstand am beliebtesten sind flexible Arbeitszeiten und Arbeitszeitmodelle (51 Prozent) – und daran hat sich auch in den letzten fünf Jahren nichts geändert. Der Hauptgrund hierfür liegt auf der Hand: Ein starres Arbeitszeitmodell ist für immer mehr Mitarbeiter*innen nicht mehr mit ihrer individuellen Lebenssituation und -planung vereinbar. Der Gestaltungsanspruch, aber auch die Gestaltungserfordernis an das eigene Leben steigen.

Ihre Mitarbeiter*innen stellen in der Praxis immer mehr und immer größere Anforderungen an ein strategisches Dienstplanmanagement. Erleben Sie das auch so? Während es z. B. früher oftmals genügte, dass es einen Früh- und einen Spätdienst gab, sind heute Faktoren wie Kita-Öffnungszeiten, Gleitzeit, Home-Office oder Jahresarbeitszeitkonten für die Möglichkeit eines Sabbaticals zu bedenken. Arbeitgeber stehen dadurch in der Pflicht, flexible Arbeitszeiten und Arbeitszeitmodelle anzubieten und Führungskräfte sind mit der Umsetzung betraut. Konkret sieht das manchmal so aus: Kürzlich begleitete ich ein Bewerbungsgespräch in einer stationären Einrichtung. Eine junge Frau bewarb sich um eine Stelle als Pflegehilfskraft. Im Gespräch sagte sie der PDL und mir, dass ihr die Einrichtung gut gefällt und dass sie gern in der Pflege arbeiten möchte. Dies sei ihr aber leider nur montags bis freitags von 8–12:00 Uhr möglich, denn sie habe ein kleines Kind und keinerlei familiäre Unterstützung.

Die PDL war aufgrund dieser mangelnden Flexibilität nicht wirklich geneigt, die junge Frau anzustellen, doch sie musste auch zugeben, dass sich Anfragen dieser Art mittlerweile zum Standard entwickelt haben, anstatt zur Ausnahme – auch und gerade in der Pflege. Die Folge: Solche Wünsche von Bewerber*innen stellen das Personalmanagement und den Dienstplanverantwortlichen natürlich vor immense Herausforderungen. Ganz unterschiedliche flexible Arbeitszeitmodelle miteinander zu kombinieren und dabei immer das große Ganze im Blick zu haben, ist mittlerweile eine so komplexe Aufgabe geworden, dass keine PDL oder Fachkraft das quasi nebenbei, neben all ihren anderen Aufgaben, erledigen kann.

## 2.1 Achten Sie auf die Pflegefachlichkeit

Ein modernes Dienstplanmanagement ist heute nicht nur etwas Nettes, was Sie als guter Arbeitgeber leisten, weil Sie Mitarbeiter*innen gewinnen wollen, sondern etwas bitter Notwendiges. Führungskräfte in der Pflege haben in den letzten Jahren eine massive Zunahme ihrer fachlichen Aufgaben erlebt. Die aktuellen Entwicklungen in der Pflegebranche zeigen dies deutlich auf: Das Strukturmodell zur Entbürokratisierung der Pflegedokumentation hat es sich zur Kernaufgabe gemacht, die nötige Dokumentation zu vereinfachen und zu reduzieren. Das ist aber nur möglich, wenn gut ausgebildete Fachkräfte dabei eigenverantwortlich entscheiden und entsprechende Prioritäten setzen können.

**Beispiel** **Die (neuen) Herausforderungen**

Während hier früher für alle Mitarbeiter*innen klar definiert war, dass bestimmte Assessments routinemäßig zu führen waren, ist heute eine Pflegefachkraft gefordert, die selbst entscheidet, wann sie sinnvollerweise welche Instrumente hinzuzieht, wie diese anschließend auszuwerten sind und welche Konsequenzen es letztendlich für die Versorgung ihres Pflegekunden nach sich zieht.

Die Notwendigkeit der guten Pflegefachlichkeit könnten noch viel weiter fortgeführt werden. Auch die MDK-Begutachtungen gemäß Pflegestärkungsgesetz II verlangen Ihren Pflegefach- und Führungskräften ein hohes fachliches Know-how ab. Seien wir ehrlich: Dafür sind Pflegefachkräfte auch ausgebildet worden. Ihre Kernaufgabe ist die Pflegefachlichkeit, und nicht das Kreieren von Diensten oder das tägliche Abdecken bei Krankheitsfällen. Es wird deutlich: Die Zunahme der fachlichen Anforderungen und Kernaufgaben Ihrer Pflegefachkräfte sind signifikante Herausforderungen für jeden Arbeitgeber. Um diesen adäquat begegnen zu können, gehört das immer komplexer werdende strategische Dienstplanmanagement in eine Hand. Die strategische Personaleinsatzplanung kann nicht mehr nebenbei erledigt werden. Sie braucht eine neue Wertigkeit in den Unternehmen der Pflegebranche.

## 2.2 Die Zentrale Einsatzplanung (ZEP) – ein Erfolgsmodell fürs Personaleinsatzmanagement

Um Mitarbeiter*innen für und im Pflegeberuf zu begeistern, müssen die Rahmenbedingungen stimmen. Neben Faktoren wie der adäquaten Bezahlung ist die Dienstplanzufriedenheit von entscheidender strategischer Bedeutung, um Mitarbeiter*innen zu finden und zu binden. Neue Dienstzeiten zu kreieren, die individuell zur Lebenswirklichkeit von Bewerber*innen passen, und ein System zu finden, in dem freie Tage auch wirklich frei sind – das sind die wichtigsten Themen einer an den Mitarbeiter*innen orientierten Einsatzplanung. Die damit verbundenen Herausforderungen brauchen Zeit und Ressourcen, die eine eigene Stabstelle für die Einsatzplanung erfordern. »Ich kann mir unsere Personaleinsatzplanung gar nicht mehr ohne die ZEP vorstellen! Es ist nicht vorstellbar, dass wir Führungskräfte uns wieder um dieses Thema kümmern!«, erzählte mir neulich eine PDL. »Was mir am System ZEP besonders gut gefällt: Wir haben hier ganz einfach an den Basics der Mitarbeiter*innen angesetzt. Wenn ein Mitarbeiter an seinen freien Tagen Angst haben muss, dass das Telefon klingelt und er zur Arbeit gerufen wird, werden wir diesen Kollegen nicht dauerhaft in der Pflege halten können. Wenn wir uns dagegen bezüglich individueller Dienstzeiten, die auf die Bedürfnisse einzelner Mitarbeiter*innen zugeschnitten werden, flexibel zeigen, gelingt es uns, mehr Menschen für eine Tätigkeit in der Pflege zu begeistern.«

### 2.2.1 Implementieren Sie die ZEP als Stabsstelle

Zentrale Einsatzplanung (ZEP) – wie kann Ihnen die Umsetzung in der Praxis gelingen? Indem Sie die Zentrale Einsatzplanung als eigene Stabsstelle implementieren, die sich um die komplette Einsatzplanung in Ihrem Unternehmen kümmert. Das gelingt im besten Fall so gut, dass Pflegedienstleitungen, Wohnbereichsleitungen und Pflegefachkräfte damit im Alltag nichts mehr zu tun haben. Sie als Führungskraft werden von einem ungeliebten Thema spürbar entlastet. Mit der ZEP ist es nicht mehr nötig, das Abdecken der Arbeitsunfähigkeit eines Mitarbeiters parallel zur Neuaufnahme eines Pflegekunden zu managen. Oder die Zeit, die eine Pflegefachkraft gern in die palliative Versorgung eines Pflegekunden investieren würde, mit Diskussionen über gewährte und nicht gewährte Urlaubs- und Wunschfreitage zu verbringen. Das nimmt viel Druck aus Ihrem Alltag. Durch das Outsourcing dieses ganzen Aufgabenbereichs entstehen Zeitressourcen, die genutzt werden können, um die pflegerischen Kernaufgaben wesentlich stressfreier als bisher zu erledigen.

Die ZEP sorgt dafür, dass Dienstpläne sinnvoll erstellt werden können, dass Arbeitsunfähigkeiten stressfrei abgedeckt werden und dass Familie und Beruf durch eine mitarbeiterorientierte Dienstplanung vereinbar werden. Der Stelleninhaber der Zentralen Einsatzplanung hat Zeit, bei Bedarf individuelle Dienstzeiten für Mitarbeiter*innen zu planen, z. B. für junge Eltern, die auf Zeiten der Kinderbetreuung angewiesen sind und vielleicht täglich nur von 08.00 – 12.00 Uhr in der Pflege arbeiten können.

### 2.2.2 Geben Sie der der Stabsstelle den richtigen Rahmen

In der Praxis haben sich ZEP-Stelleninhaber*innen sowohl in Teilzeit als auch in Vollzeit erfolgreich bewährt. Die Entscheidung über den zeitlichen Umfang der Stabsstelle beruht zum einen auf der Größe des Unternehmens und zum anderen darauf, welche Aufgaben die ZEP übernehmen soll. Kernelemente des Stellenprofils sind in jedem Fall die folgenden vier Aufgaben:

1. Dienstpläne für alle Funktionsbereiche der Einrichtung erstellen – unter Berücksichtigung der Stärken, Bedürfnisse und Entwicklungswünsche jedes einzelnen Mitarbeiters (Beachtung von sozialen Gesichtspunkten in der Personaleinsatzplanung),
2. Gesamtverantwortung für die jährliche Urlaubsplanung im Unternehmen,
3. Sicherstellung der täglichen Fachkraftbesetzung,
4. Organisation von Arbeitsunfähigkeitsmeldungen.

Als weitere mögliche Aufgaben (▶ Tab. 1) bietet sich die Gesamtverantwortung für die jährliche Fort- und Weiterbildungsplanung, das Sorgetragen für die taggenaue Arbeitszeiterfassung im Unternehmen oder die Berücksichtigung von ökonomischen

Gesichtspunkten bei der Zuordnung der Mitarbeiter*innen pro Schicht mit dem Ziel einer optimalen Kosten-Leistungsrelation an.

Die Unterstützung bei der Weiterentwicklung einer Work-Life-Balance-orientierten Arbeitszeitgestaltung im Unternehmen kann ebenso in den Händen der ZEP liegen, wie auch das Mitwirken bei Ausschreibungen, Auswahlverfahren und Neueinstellungen von Bewerber*innen. Eine weitere mögliche Aufgabe ist die Implementierung oder Weiterentwicklung eines EDV-gestützten Dienstplanprogramms. Sie sehen an dieser Aufzählung: Damit die einzelnen Aufgabenbereiche eine gute Qualität haben, ist es nicht mehr möglich, diese als Führungskraft nebenbei mitzumachen. Dafür sind die Aufgaben zu komplex geworden.

**Tab. 1: Mögliches Aufgabenprofil der Zentralen Einsatzplanung (ZEP)**

| Kernaufgaben |
|---|
| Dienstpläne für alle Funktionsbereiche der Einrichtung erstellen unter Berücksichtigung der Stärken, Bedürfnissen und Entwicklungswünschen jedes einzelnen Mitarbeiters. Beachtung von sozialen Gesichtspunkten in der Personaleinsatzplanung |
| Gesamtverantwortung jährliche Urlaubsplanung |
| Sicherstellung der täglichen Fachkraftbesetzung |
| Organisation von Arbeitsunfähigkeitsmeldungen |
| **Mögliche weitere Aufgaben** |
| Gesamtverantwortung für die jährliche Fort- und Weiterbildungsplanung |
| Sorgetragen für eine taggenaue Arbeitszeiterfassung im Unternehmen |
| Berücksichtigung von ökonomischen Gesichtspunkten bei der Zuordnung der Mitarbeiter pro Schicht mit dem Ziel einer optimalen Kosten-Leistungsrelation |
| Unterstützung bei der Weiterentwicklung einer balanceorientierten Arbeitszeitgestaltung im Unternehmen |
| Mitwirken bei Ausschreibungen, Auswahlverfahren und Neueinstellungen von Bewerbern |
| Implementierung oder Weiterentwicklung eines EDV-gestützten Dienstplanprogramms |

Die positiven Resultate in der Mitarbeitergewinnung und -bindung sprechen für sich. Der Erfolg in der Praxis bestätigt das Konzept der Zentralen Einsatzplanung. Nachdem ich es vor einigen Jahren hauptsächlich entwickelt habe, um eine zuverlässige Planung der Einsatz- und Freizeiten aller Mitarbeiter*innen zu garantieren und gleichzeitig den massiven Zunahmen der fachlichen Aufgaben Rechnung zu tragen, haben mittlerweile gut 25 Einrichtungen in Deutschland das Modell in den letzten Jahren umgesetzt. Direkt aus der Praxis kann ich berichten, dass die Zahl der Ein- und

Austritte von Mitarbeiter*innen kontinuierlich rückläufig ist. Neben der schon beschriebenen Entlastung von Führungs- und Fachkräften gibt es noch weitere positive Auswirkungen:

- Die ZEP ist in der Lage, auch kurzfristige Neueinstellungen im Unternehmen gut zu strukturieren. Die Freistellung jener Kolleg*innen, die für die **Einarbeitung** verantwortlich sind, sorgt dafür, dass ein neuer Mitarbeiter ganz in Ruhe eingearbeitet werden, und stressfrei am neuen Arbeitsplatz ankommen kann.
- Zusätzlich konnten deutlich **sinkende Ausfallzeiten** beobachtet werden. Natürlich sind Mitarbeiter*innen auch mit einer Zentralen Einsatzplanung weiterhin krank, das ist keine Frage. Wenn die ZEP es aber schafft, nur 20 Prozent der Arbeitsunfähigkeitsmeldungen abzufangen, die in Wahrheit keine sind, ist für den betroffenen Mitarbeiter und das Unternehmen viel gewonnen.
- Insbesondere Situationen der **Überforderung**, zusätzlich gewünschte freie Tage oder kurzfristige Ausfälle, können mit ZEP aufgefangen werden. Eine engagierte ZEP entwickelt eine gute Kommunikationsbasis zu den Mitarbeiter*innen des Unternehmens und kann sich so individueller Nöte und Sorgen annehmen und kurzfristig über das Instrument Dienstplan den Bedürfnissen Rechnung tragen, sodass Mitarbeiter*innen in Notsituationen nicht mittels des gelben Scheins reagieren müssen.
- Ein weiterer Vorteil der Zentralen Einsatzplanung besteht darin, dass die Einsatzplanung aufgrund des bereichsübergreifenden Überblicks **noch flexibler** werden kann.

***Beispiel*** **Zu viele Minusstunden?**

Haben auf einem Bereich z. B. in einem Monat sehr viele Mitarbeiter*innen Minusstunden, weil niemand Urlaub hat, und in einem anderen Bereich brauchen Eltern gleichzeitig Urlaub, weil Schulferien sind, so entsteht ein schwieriges Delta. Das untereinander auszugleichen wäre nach dem System einer traditionellen Einsatzplanung schwer möglich. Eine ZEP kann solche Themen bearbeiten und damit hier etwa in einem Bereich mehr Urlaube in Ferienzeiten genehmigen als bisher. Das ist ein weiterer entscheidender Faktor, der zu einer guten Mitarbeiterbindung beiträgt.

Eine Zentrale Einsatzplanung lohnt sich in vielfältiger Hinsicht. Durch das sehr viel individuellere Dienstplanmanagement nimmt die Zufriedenheit von Mitarbeiter*innen bezüglich ihrer Arbeitsbedingungen zu. Die Bindung zum Unternehmen wird gestärkt. Neue potenzielle Mitarbeiter*innen können durch das Alleinstellungsmerkmal einer Zentralen Einsatzplanung begeistert werden und so ihren Weg in das Tätigkeitsfeld Pflege finden.

## 2.3 Dienstplanchecklisten erleichtern Ihre Arbeit



Ganz gleich, ob Sie sich für das Modell der Zentralen Einsatzplanung oder einen anderen innovativen Ansatz zur Personaleinsatzplanung entscheiden, ich empfehle Ihnen in jedem Fall, Dienstplanchecklisten zu führen. Diese erleichtern Ihre täglichen To-do's um ein Vielfaches. Dienstplanchecklisten – was kann man sich darunter vorstellen? Entwerfen Sie pro Bereich, für den ein Dienstplan geschrieben wird, die Checkliste A und die Checkliste B. Auf der Checkliste A werden die gültigen Rahmendienstzeiten vorgegeben (▶ Tab. 2).

**Tab. 2: Checkliste A – die gültigen Rahmendienstzeiten**

| | Montag | Dienstag | Mittwoch | Donnerstag | Freitag | Samstag | Sonntag |
|---|---|---|---|---|---|---|---|
| Frühdienst Pflege | F4 * (06:00 -13:45) | F4 (06:00 - 13:45) | F4 (06:00 -13:45) | F4 (06:00 -13:45) | F4 (06:00 - 13:45) | F4 (06:00 -13:45) | F4 (06:00 -13:45) |
| | F4 (06:00 -13:45) | F4 (06:00 -13:45) | F4 (06:00 -13:45) | F4 (06:00 -13:45) | F4 (06:00 -13:45) | F4 (06:00 -13:45) | F4 (06:00 -13:45) |
| | F2 (06:00 -13:00) | F2 (06:00 - 13:00) | F2 (06:00 -13:00) | F2 (06:00 -13:00) | F2 (06:00 - 13:00) | F2 (06:00 -13:00) | F2 (06:00 -13:00) |
| | F2 (06:00 -13:00) | F2 (06:00 -13:00) | F2 (06:00 -13:00) | F2 (06:00 -13:00) | F2 (06:00 -13:00) | F9 (07:00 -11:00) | F9 (07:00 -11:00) |
| Spätdienst Pflege | S1 * (13:30 -21:00) | S 1 (13:30 - 21:00) | S1 (13:30 -21:00) | S 1 (13:30 -21:00) | S1 (13:30 - 21:00) | S1 (13:30 -21:00) | S 1 (13:30 -21:00) |
| | S3 (13:45 -20:00) | S3 (13:45 -20:00) | S3 (13:45 -20:00) | S3 (13:45 -20:00) | S3 (13:45 -20:00) | S3 (13:45 -20:00) | S3 (13:45 -20:00) |
| | S24 (13:30 -20:30) | S24 (13:30 -20:30) | S24 (13:30 -20:30) | S24 (13:30 -20:30) | S24 (13:30 -20:30) | S24 (13:30 -20:30) | S24 (13:30 -20:30) |

* Das ist der Dienst der Schichtleitung

Jede Führungskraft, die den Dienstplan schreibt, weiß jetzt, dass sie im Frühdienst einer Fachkraft den F4 planen muss. Den zweiten F4-Dienst und die beiden F2-Dienste sind unter allen Hilfs- oder Assistenzkräften zu planen. Mit einer solchen Vorlage gelingt die Dienstplanung strukturiert und nach betriebswirtschaftlichen Kriterien.

Auf der Checkliste B halten Sie nun die individuellen Besonderheiten der Mitarbeiter*innen des Bereichs fest, z. B.:

- Bereichsleitung Ina: Jeden Montag Büro für die Arztvisite planen.
- Pflegefachkraft Alexander: Nur F2 planen (muss täglich um 13.30 Uhr seine Kinder aus der Betreuung abholen).
- Pflegehilfskraft Margit: Immer dienstags frei (betreut an diesem Tag ihre Enkel).
- Pflegehilfskraft Ewelina: bis einschließlich Ende Februar immer mittwochs frei (Deutschkurs VHS).

Diese Besonderheiten bei der Personaleinsatzplanung basieren entweder auf individuellen Rahmenbedingungen, die während des Einstellungsprozess verhandelt wurden und/oder im Arbeitsvertrag festgehalten sind oder auf Absprachen auf dem kurzen Dienstweg. Wenn z. B. ein ausländischer Mitarbeiter kurzfristig einen Deutschkurs belegt und deshalb für einige Woche immer an einem bestimmten Tag frei braucht, sollte das auch in der Dienstplancheckliste festgehalten werden. Die Vorteile der Dienstplanchecklisten A und B sind immens: Sie sind so gut strukturiert und durchdacht, dass man – vereinfacht gesagt – auch jemand Fremdes von der Straße holen könnte, der damit, ohne das Unternehmen oder den Bereich zu kennen, den Dienstplan schreiben könnte. Die Checklisten geben ferner einen sinnvollen Rahmen und Überblick für das komplette Personalmanagement. Sie sehen auf einen Blick die individuellen Besonderheiten der Mitarbeiter*innen und es wird beispielsweise bei Neueinstellungen recht schnell klar: Arbeiten auf dem Bereich derzeit bereits vier Fachkräfte, die alle nur den F2-Dienst arbeiten können oder wollen, dann können Sie nicht noch jemand einstellen, der auch nur diesen Dienst arbeiten kann.

## 2.4 Stand-by-Dienste ergänzen Ihr Dienstplankonzept

Krankmeldungen von Mitarbeiter*innen bedeuten für die tägliche Arbeit in der Pflege leider immer noch vielfach ein Ausnahmezustand. Es ist Ihnen, wie wohl jeder PDL oder Leitungskraft, unangenehm, Vollzeitkräfte, die oft sowieso nur wenige freie Tage haben, zu fragen, ob sie einspringen. Wie geht es Ihnen dabei? Können Sie unterschreiben, was mir neulich eine PDL aus Köln gesagt hat: »Oft mache ich den ganzen Tag nichts anderes als Dienstplanabdeckung. Ich weiß bald gar nicht mehr, wie ich meine eigentliche Arbeit noch schaffen soll.« Die gute Nachricht: Das muss nicht mehr so sein! Steuern Sie solchen Situationen, die alle Beteiligten wahnsinnig unter Druck setzen, entgegen, indem Sie Stand-by-Dienste etablieren. Stand-by- oder Rufbereitschaftsdienste können Sie sich modellhaft folgendermaßen vorstellen:

- **Am Wochenende:** Ihre stationäre Einrichtung hat insgesamt vier Bereiche. Jeden Samstag und jeden Sonntag planen Sie für das ganze Haus jeweils zwei Stand-by-Dienste. Im Stand-by-Dienst muss sich der jeweilige Mitarbeiter von 05:00 Uhr–16:00 Uhr bereithalten, sodass er bei Bedarf innerhalb von 30 Minuten auf der Arbeit wäre.
- **Von Montag bis Freitag:** Planen Sie ebenfalls unter allen Mitarbeiter*innen pro Tag zwei Stand-by-Dienste ein. Mit einer solchen Regelung benötigen Sie zwar insgesamt mehr Mitarbeiter*innen, die Vorteile wiegen diese zusätzlichen Stellen aber bei weitem auf:
  - Pro Arbeitstag haben Sie ab sofort zwei Mitarbeiter*innen im Stand-by, die bei Krankmeldungen sofort übernehmen können. Das nimmt alle Beteiligten enormen Druck und entzerrt das Dienstplanmanagement.
  - Der Einsatz von Fremdfirmen und Leiharbeiter*innen ist damit so gut wie nicht mehr nötig.
  - Ihre Mitarbeiter*innen wachsen an dieser Aufgabe. Wenn Stand-bys regulär geplant werden, bedeutet das, den eigenen Bereich – und damit die eigene Komfortzone – zu verlassen und auch auf anderen Bereichen zu arbeiten. Der Einblick in andere Arbeitsbereiche und die direkte Zusammenarbeit mit anderen Kolleg*innen weitet die eigenen Perspektiven und fördert den bereichsübergreifenden Zusammenhalt.
  - Und das stärkste Argument: Ihre Mitarbeiter*innen haben endlich einen verlässlichen Dienstplan mit garantiertem Frei. Die Arbeitszufriedenheit steigt dadurch ebenso deutlich, wie auch die Bindung ans Unternehmen.

## 2.5 Bauen Sie einen Aushilfs-Pool auf

Ergänzend zu den Stand-by-Diensten gibt es ein zweites, in der Praxis gut bewährtes Instrument für eine verlässliche Dienstplanung: ein eigener Pool an Aushilfsmitarbeiter*innen. Der Vorteil: Aushilfen bei Personalengpässen anzurufen und zu fragen, ob sie in Notfällen kurzfristig einspringen können, ist für viele Leitungskräfte leichter, als eine Vollzeitkraft zu fragen, die in diesem Monat eigentlich fast schon durcharbeitet. Die Hemmschwelle ist geringer und die Aushilfe freut sich, denn je mehr Dienste sie arbeitet, desto höher ist die Entlohnung am Ende des Monats.

Vor allem im Hilfs- oder Assistenzkraftbereich habe ich mit einem solchen Pool gute Erfahrungen gemacht. Die größte und beste Akquise verlief einmal tatsächlich über Aushänge an schwarzen Brettern von Supermärkten. Bedenken Sie: Vielen Menschen, die mit professioneller Pflege noch nie in Berührung kamen, ist oft gar nicht bewusst, dass sie auch als ungelernte Kraft in der Pflege arbeiten können. Dies offensiv zu bewerben und die potenziellen neuen Mitarbeiter*innen dort abzuholen, wo sie sich jeden Tag bewegen, kann für beide Seiten sehr bereichernd und erfolgreich sein. Gerade in der Altenpflege sind traditionell schon immer viele Quereinsteiger tätig, warum den Gedanken nicht ausweiten?

Nach einer gezielten Akquise werden als Aushilfsmitarbeiter*innen viele Menschen zu Ihnen finden, die bereits einen festen Job haben und sich an ihren freien Tagen noch etwas dazu verdienen wollen oder müssen. Es ist für alle Seiten wahrlich eine Herausforderung, die Bedürfnisse des Mitarbeiters und die von zwei Arbeitgebern miteinander zu kombinieren. Das kann aber gut gelingen – und vor allem ist es für Sie stressfreier, je mehr Köpfe Ihr Pool zählt. Stellen Sie sich vor, Sie haben insgesamt sieben Mitarbeiter im Aushilfspool, die Sie im Bedarfsfall anrufen können. Das heißt sieben Mal »Ja, ich kann arbeiten kommen-« oder »Sorry, heute geht es nicht«-Chancen. Das ist schon wirklich viel. Haben Sie vielleicht irgendwann zehn oder mehr potenzielle Aushilfen zur Verfügung, dann kann erfahrungsgemäß immer irgendeine Aushilfe einen fehlenden Dienst kompensieren. Sind Mitarbeiter*innen darunter, die jeden Monat eine feste Gehaltssumme auf Aushilfsbasis nötig brauchen oder verdienen möchten, dann verplanen Sie ein gewisses Stundenkontingent fest und nutzen das aus, um Überstunden bei Ihren Stammkräften abzubauen. Eine Win-Win-Situation für alle!

## 2.6 Planen Sie den Teamtausch

»Ankündigung: Ab Juni 2020 werde ich nach und nach alle Mitarbeiter*innen jeweils einen Tag zum Teamtausch einplanen. Ich freue mich auf dieses neue Projekt und werde zeitnah nähere Informationen dazu rausgeben.« Diesen Aushang einer PDL sah ich vergangenes Jahr in einer stationären Pflegeeinrichtung in Baden-Württemberg. Es hat mich gleich interessiert, was da genau dahintersteckt. Unter »Teamtausch« konnte ich mir spontan nämlich nichts vorstellen. Die PDL klärte mich auf: In der Einrichtung wird einmal jährlich der Teamtausch für alle Mitarbeiter*innen geplant. Von der Einrichtungsleitung über die PDL bis zur Reinigungskraft schnuppert jeder an einem fest geplanten Tag in die Arbeit eines anderen Teams hinein. Das bedeutet in der Praxis z. B., dass eine examinierte Pflegefachkraft einen Tag im Team der Küche mitläuft. Ein Mitarbeiter der Haustechnik arbeitet entsprechend z. B. einen Tag in der Betreuung mit, usw. Wichtig ist dabei, dass es ein fachfremdes Team ist. Wünsche der Mitarbeiter*innen werden beim Tausch berücksichtigt, ebenso werden Kolleg*innen aber auch nach Vorgabe ihrer Bereichsleitung eingeteilt. Wenn eine Pflegehilfskraft z. B. im Alltag immer über die Verwaltung schimpft, ist es doch sehr sinnvoll, dass sie einmal dort einen Tag hospitiert.

Das Ziel des Teamtauschs ist es, Verständnis für das jeweils andere Aufgabengebiet zu schaffen, sodass die Mitarbeiter*innen im Arbeits- und Pflegealltag zu einem besseren Miteinander zu finden – und letztendlich auch Prozesse, die nicht zu ihrem eigenen Aufgabengebiet gehören, besser verstehen. Auch solche Impulse sollten bei einer sinnvollen Dienstplanung berücksichtigt werden. Wie geht es Ihnen, wenn Sie das Konzept lesen? Finden Sie es sinnvoll oder sehen Sie es eher kritisch? Mich überzeugen die Vorteile. Speziell in stationären Einrichtungen oder ambulanten Diensten, wo es im Alltag öfter zwischen den verschiedenen Berufsgruppen knirscht, kann damit viel erreicht werden. Als Hilfestellung sehen Sie in der kleinen Handlungsanleitung (▸ Tab. 3), wie Sie die Idee schnell und mit relativ einfachen Mitteln im Alltag umsetzen können.

**Tab. 3: Handlungsanleitung: Teamtausch in der Praxis**

| | Ihre Aufgabe | |
|---|---|---|
| 1 | Besprechen Sie die Sinnhaftigkeit mit Ihrer PDL oder der Einrichtungsleitung. | ☐ |
| 2 | Anschließend startet eine Abfrage: Welcher Mitarbeiter möchte gern einmal in welchem Team hospitieren? Und in welchem Team sieht die jeweilige Bereichsleitung Ihre Mitarbeiter*innen? | ☐ |
| 3 | Die PDL wertet die Ergebnisse aus und legt für jeden Mitarbeiter das Tauschteam fest. | ☐ |
| 4 | Ein Qualitätszirkel folgt: Hier wird besprochen, welcher Mitarbeiter aus jedem Team am besten geeignet ist, den »Tauschkollegen« an die Hand zu nehmen. Das sollten Kolleg*innen sein, die gern erklären und über ihre Arbeit kompetent Auskunft geben können. | ☐ |
| 5 | Mit diesen ein bis zwei Mitarbeiter*innen pro Team erfolgt abermals ein kleiner Qualitätszirkel. Hier wird ihnen erklärt, was an diesem Tag wichtig ist. Zeitkapazitäten zu einer guten Vorbereitung werden diesen Kolleg*innen zur Verfügung gestellt. | ☐ |
| 6 | Abschließend plant die PDL die Teamtauschtage im Dienstplan. Eine gute Vorgehensweise ist hier die grobe Planung, dass die Mitglieder eines Teams innerhalb von drei Monaten alle ein Mal woanders hospitiert haben. | ☐ |
| 7 | Zur Auswertung der Ergebnisqualität erfolgt ganz zum Schluss eine Auswertung durch alle Beteiligten. | ☐ |

Übrigens: Im August 2020 habe ich in der eingangs beschriebenen Einrichtung noch einmal nachgehakt: Wie ist der Teamtausch angelaufen? Liegen schon erste Ergebnisse vor, wie war es? Die PDL hat mir berichtet, dass es sehr gut bei ihnen läuft. Die Mitglieder von zwei Teams haben alle schon einmal komplett gewechselt – und sind von dem Ergebnis begeistert. »Jetzt weiß ich erst, was Uwe, der Haustechniker den ganzen Tag macht! In Zukunft werde ich daran denken, bevor ich mich vorschnell über seine Abteilung beklage«, war eine der häufigsten Rückmeldung. Das überzeugt.

## 2.7 Legen Sie Wert auf eine gute Einarbeitung

An einem Dienstag hat die neue Kollegin Susanne – eine Pflegefachkraft – in der stationären Einrichtung Haus Sonnenschein ihre Arbeit aufgenommen. Susanne verfügt über gut 15 Jahre Berufserfahrung bei ganz unterschiedlichen Arbeitgebern in der Branche. Sie arbeitete schon in einem ambulanten Dienst, in der gerontopsychiatrischen Abteilung eines Krankenhauses und auch in stationären Pflegeeinrichtungen. Susanne ist auch sonst eine gestandene Frau, die genau weiß, was sie will und kann. Alle Kolleg*innen ihrer Abteilung im Haus Sonnenschein haben sich sehr auf die neue Unterstützung gefreut. Und nun? Bereits am Freitag hat Susanne alles hingeschmissen und gekündigt. Wie konnte das passieren? Schauen wir es uns an:

Fachkraft Christine, die Susanne an ihrem ersten Tag begleiten sollte, sagt: »Die Kündigung von Susanne kann ich mir nicht erklären! Gut, am Montag war es schon stressig. Eigentlich sollte sie bei mir erstmal zusätzlich mitlaufen, aber dann war ein Kollege krank. Da habe ich ihr schnell ihre Gruppe an Pflegekunden erklärt und dann ging sie allein los. Klar war das nicht die Ideallösung, aber andererseits kann man von einer erfahrenen Kollegin schon erwarten, dass sie das wuppt. Wir haben sie in den nächsten Tagen auch immer wieder gefragt, ob sie noch Fragen hat – da hat sie nie etwas gesagt. Und jetzt lässt sie uns einfach hängen!«

Das sagt Susanne selbst: »Ich hatte mich so auf die neue Arbeit gefreut und dann war es der totale Albtraum! Am ersten Tag morgens um halb sechs wurden mir nicht mal alle Kolleg*innen im Dienst vorgestellt. Es hieß gleich, es wäre jemand krank; hier bitte, dein Zettel mit den Pflegekunden, bis spätestens 10:00 Uhr musst du mit der Versorgung fertig sein! Ich war total überfordert. Wusste weder über die Räumlichkeiten in dem Wohnbereich Bescheid, noch was bei den einzelnen Pflegekunden zu beachten ist. In den nächsten Tagen habe ich gemerkt, dass die Kolleg*innen am Limit sind. Sie redeten in den wenigen Pausen ständig davon, dass sie dauernd einspringen müssen, dass der Verdienst hier auch nicht das Wahre ist, usw. Das hat mich alles so deprimiert, dass ich mich zurückgezogen und gar nicht mehr viel gesagt habe. Dass ich so nicht weiter arbeiten wollte, war mir relativ schnell klar.«

Solch ein Beispiel ist Ihnen in ähnlicher Form in der Praxis bestimmt auch schon begegnet. In Zeiten des Mangels an guten Pflegekräften warten alle fast schon verzweifelt auf neue Kolleg*innen. Wenn dann jemand Neues endlich seinen Dienst beginnt, ist die Not so groß, dass der Kollege vor lauter Arbeit heillos überfordert wird – und im schlimmsten Fall alles hinwirft und kündigt. Das ist in vielen Einrichtungen und ambulanten Diensten fast schon ein Teufelskreis geworden. Die gute Nachricht: Es gibt einen Ausweg aus diesem Dilemma. Eine systematische Einarbeitung neuer Kolleg*innen garantiert einen guten Start am neuen Arbeitsplatz. Eines dürfen Sie dabei nicht vergessen: Der Start in einem neuen Arbeitsumfeld bedeutet für einen neuen

Kollegen ein hohes Maß an Konfrontation mit häufig völlig neuen Gegebenheiten. Neue Vorgesetzte, neue Kolleg*innen, neue Aufgaben, neue Verhaltensweisen und »Spielregeln« im Umgang miteinander. Gleichzeitig bedeutet es aber auch die Trennung von alten Gewohnheiten und der vertrauten Umgebung.

**Tipp**
Um den psychischen Stress neuer Kolleg*innen gut auffangen zu können, rate ich Ihnen, einen festen Ansprechpartner in Ihrem Team zu definieren. In der Pflege gibt es für alle möglichen Sonderaufgaben Beauftragte, den Inko-Beauftragten, den Wund-Beauftragten usw. – warum also keinen Einarbeitungsbeauftragten? Einen Mentor für den neuen Mitarbeiter!

### 2.7.1 Das Einarbeitungskonzept und der Mentor

In der Phase des Abschieds von Vertrautem und der Orientierung in einem fremden Arbeitsumfeld hat der neue Mitarbeiter ein starkes Bedürfnis nach Sicherheit. Er benötigt Unterstützung, um in der neuen und unbekannten Arbeitsumwelt richtig starten zu können. Die Integration in eine bestehende Organisation ist naturgemäß ein längerer Prozess – hierbei hilft ein Einarbeitungsbeauftragter oder -mentor. Er

- sorgt dafür, dass der neue Mitarbeiter das Unternehmen und die Kollegen kennenlernt,
- arbeitet den neuen Mitarbeiter in sein eigentliches Aufgabenfeld systematisch ein,
- steht dem neuen Mitarbeiter im ersten halben Jahr als Ansprechpartner zur Seite und
- hilft bei der Integration ins Team.

***Fazit*** **Ziele einer systematischen Einarbeitung**

Ein Mitarbeiter nach erfolgreicher Einarbeitung

- weiß, was er wie zu tun hat und kennt sein Aufgabenspektrum,
- ist ins Team integriert,
- hat eine Bindung an das Unternehmen entwickelt und
- die Unternehmenskultur verinnerlicht.

Die Zentralisierung der Einarbeitung bei einem Mitarbeiter im Team hat einen weiteren großen Vorteil. Sie sorgt dafür, dass die Begleitung geplant und strukturiert abläuft. Stellen Sie sich vor, ein neuer Mitarbeiter läuft am ersten Tag beim Kollegen X mit, am zweiten Tag beim Kollegen Y usw. – wer halt gerade im Dienst ist. Glauben

Sie, so wird eine Einarbeitung je eine gute Qualität aufweisen? Der eine weiß nicht, was der andere im vorherigen Dienst schon alles erklärt und gezeigt hat. Jeder Kollege arbeitet auch anders – woran soll der neue Mitarbeiter sich da nur orientieren? Wenn Sie dagegen einen Einarbeitungsmentor haben, kann dieser gezielt die Begleitung des neuen Mitarbeiters planen und strukturieren. Besonders gut gelingt dies, wenn es ein schriftliches Einarbeitungskonzept gibt. Gibt es dieses bereits bei Ihnen? Wenn ja, schauen Sie einmal nach, wie es aufgebaut ist. Ich rate Ihnen Folgendes:

- Das Einarbeitungskonzept sollte mit einer Aufstellung der Räumlichkeiten und der Kolleg*innen der Leitungsebene beginnen. In der Praxis hat es sich bewährt, am ersten Tag noch nicht mit der direkten Arbeit zu beginnen. Es ist viel hilfreicher, wenn der Einarbeitungsmentor und der neue Mitarbeiter am ersten Tag erst einmal mit einem gemeinsamen Hausrundgang und einer Vorstellungsrunde starten.
- Ein gutes Einarbeitungskonzept ist nach Wochen gegliedert. Es ist unmöglich, alles Wichtige innerhalb weniger Tage zu vermitteln. Wenn sich das Einarbeitungskonzept über vier Wochen erstreckt, überfordert es den neuen Mitarbeiter nicht gleich.
- Es sollte unterschiedliche Einarbeitungskonzepte je Berufsgruppe geben, also z. B. eines für Pflegefachkräfte, eines für Pflegehilfskräfte, eines für einen speziellen Schwerpunktbereich, z. B. einen gerontopsychiatrischen, usw.

**Tab. 4: Beispiel eines strukturierten Einarbeitungskonzeptes**

| **Einarbeitungskonzept Pflegehilfskraft regulärer Pflegebereich** | | | |
|---|---|---|---|
| Name des neuen Mitarbeiters: | | | |
| Einarbeitungsmentor: | | | |
| Bereich: | | | |
| **1. Vorstellungsrunde** | | | |
| Kollegen | Wann? | Handzeichen neuer Kollege | Handzeichen Pate |
| Heimleitung | | | |
| Pflegedienstleitung | | | |
| Qualitätsmanager | | | |
| Mitarbeiter Rezeption | | | |
| Mitarbeiter Sozialdienst | | | |
| Mitarbeiter Personalverwaltung | | | |
| Wohnbereichsleitung X | | | |
| Wohnbereichsleitung Y | | | |
| Weitere Leitungskräfte, z. B. Küche, Haustechnik, Therapie u. ä. | | | |

| Einarbeitungskonzept Pflegehilfskraft regulärer Pflegebereich | | | |
|---|---|---|---|
| **2. Gemeinsamer Hausrundgang** | | | |
| Räumlichkeiten vom EG bis zum obersten Geschoß | Wann? | Handzeichen neuer Kollege | Handzeichen Pate |
| Rezeption mit Fax, Kopierer, Postfächern | | | |
| Büro X | | | |
| Büro Y | | | |
| Personalumkleide und Sanitärräume | | | |
| Notfalllager | | | |
| **3. Wichtige Organisationsabläufe, die in der 1. Woche besprochen werden sollten** | | | |
| Maßnahmen | Wann? | Handzeichen neuer Kollege | Handzeichen Pate |
| Verhalten bei Arbeitsunfähigkeit | | | |
| Dienstplangestaltung: Wunschdienstplan, Procedere Urlaubsplanung, usw. | | | |
| Verhalten im Brandfall | | | |
| Hinweis auf Dienstkleidung und Maßnahmen des Arbeitsschutzes | | | |
| **4. Wichtige Organisationsabläufe, die in der 2. Woche besprochen werden sollten** | | | |
| Maßnahmen | Wann? | Handzeichen neuer Kollege | Handzeichen Pate |
| Handhabung technischer Geräte (RR, BZ, usw.) | | | |
| Vorstellung der Richtlinienstandards | | | |
| Fort- und Weiterbildungsangebot im Unternehmen | | | |
| Interne Kommunikationsstruktur vorstellen, z. B. Teamsitzungen, Quali-Zirkel | | | |

*Fazit*

## Gehen Sie systematisch vor

Neue Kolleg*innen können Sie nur binden und gut in Ihr Team integrieren, wenn Sie ihnen einen guten Start ermöglich. »Für den ersten Eindruck gibt es keine zweite Chance.« Diesen Spruch kennen Sie. Er gilt bei einem neuen Arbeitsplatz genauso wie im Privatleben. Klarheit und Orientierung für neue Kolleg*innen schaffen Sie mit einem Einarbeitungsmentor und einem systematischen Einarbeitungskonzept.

## 2.8 Das lebensphasenorientierte Arbeitszeitmodell

Das Wissen und die Kompetenz von Fachkräften in der Pflege kann nicht ersetzt werden. Gegenwärtig ist davon auszugehen, dass der Bedarf an Fachkräften in Zukunft weiter zunehmen wird. Die demografische Entwicklung zeigt aufgrund der steigenden Lebenserwartung einerseits einen enormen Bedarf an Fachkräften in der Zukunft auf, andererseits nimmt die Zahl von potenziellen Fachkräften wegen sinkender Geburten und Berufsflucht weiter ab. Gleichzeitig werden in den nächsten Jahren schon altersbedingt mehr Fachkräfte aus dem Arbeitsprozess aus- als einsteigen. Zusätzlich zu diesem Hintergrundwissen ist für Führungskräfte in der Pflege schon lange klar, dass die Gewinnung und Bindung von Beschäftigten eine große Herausforderung ist. Es geht nicht mehr nur darum, über ausreichend »Köpfe« zu verfügen, sondern als Arbeitgeber attraktiv für unterschiedliche Gruppen von Menschen zu sein, die bereit sind, ihr Wissen und ihre Kompetenzen für das Unternehmen einzusetzen. Gerade bei den hervorragend qualifizierten Kräften kommt zu dem eigentlichen Vertrag zwischen Unternehmen und Beschäftigten ein ungeschriebener »psychologischer Vertrag« hinzu, der sich auf ein als fair empfundenes Geben und Nehmen auf beiden Seiten bezieht.

Gehen Arbeitgeber und Führungskräfte gezielt auf die Bedürfnisse ihrer Mitarbeiter ein, steigen die Chancen, dass diese sich bei ihnen wohlfühlen und dem Unternehmen lange treu bleiben. Gezielt auf die Bedürfnisse eingehen…, das hört sich schön an, aber kann das in der Praxis überhaupt gelingen? Ja, es gibt eine gute Hilfestellung: Ich empfehle Ihnen, sich an den unterschiedlichen Lebensphasen zu orientieren. Im Folgenden habe ich Ihnen relevante Phasen eines Lebens[5] aufgeführt und mit den besten Tipps und Hinweisen gefüllt, die ich alle als in der Praxis gut funktionierend erlebt habe. Schauen Sie, was Sie davon bei Ihren Mitarbeiter*innen umsetzen können.

### 2.8.1 Lebensphase Elternschaft

Mit der Geburt oder Adoption eines Kindes und dem damit verbundenen Übergang in die Elternschaft gehen für Mütter und Väter verschiedene Elternpflichten sowie die Übernahme von Verantwortung und Zuwendung für ein Kind bzw. mehrere Kinder einher.

Tipps, um Ihren Mitarbeitern in dieser Lebensphase entgegenzukommen:

- Information und Beratung zu gesetzlichen Rechten und Pflichten
- flexible Arbeitsmodelle
- Freistellung innerhalb gesetzlicher Regelungen

---

5 Vgl. Land Rheinland Pfalz. Ministerium für Wirtschaft, Klimaschutz, Energie und Landesplanung (Hrsg.) (2011): Strategie für die Zukunft. Ein Leitfaden für Unternehmen zur Bindung und Gewinnung von Mitarbeiterinnen und Mitarbeitern.

- Sensibilisierung von Kollegen
- einen Tag Zusatzurlaub für Väter zur Geburt eines Kindes
- Kontakthalteprogramm während der Elternzeit
- Wiedereinstiegsprogramm
- Spielzimmer für Mitarbeiterkinder
- hausinterne Kinderbetreuung
- monetärer Betreuungszuschuss pro Monat
- Integration der Familien auch zu Festen und Veranstaltungen
- Rücksicht bei der Urlaubsregelung
- Gesprächstermine und hausinterne Weiterbildungsmaßnahmen nur während gesicherter Betreuungszeiten

### 2.8.2 Lebensphase Pflege

Nicht selten übernehmen Mitarbeiter*innen parallel zum Beruf die Verantwortung für die Pflege und Unterstützung pflegebedürftiger Menschen. Neben der zusätzlichen Verantwortung belasten pflegende Beschäftigte oftmals enorme physische und psychische Probleme. Mit diesen Hilfestellungen kommen Sie Ihren Mitarbeiter*innen in dieser Lebensphase entgegen:

- Information und Beratung über gesetzliche Leistungen wie Pflegezeit u. ä.,
- Vorbelegungsrecht im eigenen Unternehmen für Angehörige (sowohl bei Dauer-, als auch bei Kurzzeitplätzen),
- Kontakthalteprogramm während der Pflegezeit,
- Wiedereinstiegsprogramm.

### 2.8.3 Lebensphase Lebens- und Arbeitssituation des Partners

Arbeitswechsel, Arbeitszeiten, Auslandsaufenthalte, Kinderbetreuung, Überstunden und Karriereplanung sind nur einige Beispiele für den Abstimmungsbedarf mit dem Lebenspartner oder der Lebenspartnerin. Insbesondere sogenannte Dual Career Couples (Paare, in denen beide Partner eine Karriere anstreben oder verwirklicht haben), aber auch Paare in Schichtarbeit, sehen sich häufig mit der Aufgabe konfrontiert, eine Balance zwischen den Verpflichtungen gegenüber dem Arbeitgeber und dem Partner bzw. der Partnerin herzustellen. Hier einige Tipps, um Ihren Mitarbeiter*innen in dieser Lebensphase entgegenzukommen:

- Unterstützung bei der Suche nach einem Job für die Partnerin bzw. den Partner zum Beispiel über interne Stellenausschreibung explizit für Familienangehörige,
- Einladung zu Veranstaltungen auch für den Partner/die Partnerin,
- Rücksichtnahme auf die Arbeitszeit der Partner bei der Personaleinsatzplanung,
- Haustiere können nach Absprache während der Arbeitszeit mitgebracht werden.

### 2.8.4 Lebensphase soziale Netzwerke

Ein soziales Netzwerk wird durch die Zugehörigkeit zu einer Gruppe oder einer Gesellschaft bestimmt. Teil des sozialen Netzwerkes sind in der Regel Familie und Freunde, aber auch Bekannte, zu denen eine eher lose Beziehung besteht. Mittlerweile werden diese Netzwerke auch mit Unterstützung von Social Media gepflegt. So kommen Sie Ihren Mitarbeiter*innen in dieser Lebensphase entgegen:

- Flexible Arbeitszeitmodelle,
- Freistellung,
- Möglichkeit, sich in diesem Bereich auch im Unternehmen zu engagieren,
- elektronische Mitarbeiterzeitung, interne Kommunikation per E-Mail oder Mitarbeiter-App,
- Präsenz des Unternehmens im Internet und in sozialen Netzwerken,
- Möglichkeit der Online-Bewerbung.

### 2.8.5 Lebensphase Ehrenamt

Ehrenamtlich aktiv zu sein bedeutet, sich z. B. in Vereinen, Initiativen, Projekten, Selbsthilfegruppen oder Einrichtungen, wie Kindergärten und Schulen, unentgeltlich zu engagieren. Im Rahmen dieses Engagements sind zum Teil bestimmte zeitliche Rahmenbedingungen einzuhalten. Ebenso kann es zu vergleichsweise kurzfristigen Einsätzen, z. B. der Freiwilligen Feuerwehr oder des Technischen Hilfswerks kommen, die Abwesenheitszeiten im Unternehmen nach sich ziehen. Überlegen Sie doch mal, ob Sie Ihren Mitarbeiter*innen Folgendes anbieten können:

- Flexible Arbeitszeitmodelle,
- Freistellung,
- Angebote des Arbeitsgebers zur gezielten Partizipation im ehrenamtlichen Bereich z. B. Teilnahme an öffentlichen Charity-Aktionen.

### 2.8.6 Lebensphase Hobby

Im Sinne eines Ausgleichs zwischen Erwerbs- und Privatleben suchen Mitarbeiter*innen die Selbstverwirklichung in Freizeitaktivitäten. Diese nebenberuflichen Aktivitäten reichen von sportlichen Tätigkeiten bis hin zu künstlerischen Interessen oder ähnlichem. Auch hier können Sie Einiges für Ihre Mitarbeiter*innen tun:

- Unterstützung des Hobbys durch den Arbeitgeber, etwa durch monetäre Zuschüsse oder die Integration des Hobbys ins Unternehmen (eigene Kunstausstellung im öffentlichen Bereich o. ä.),
- Freistellung,
- Vertrauensarbeitszeit,

- Home Office-Möglichkeiten,
- respektvoller Umgang mit Freizeit,
- Langzeitarbeitskonten (um eine längerfristige sozialversicherungsrechtlich geschützte Freistellung zum Beispiel in Form eines Sabbaticals zu ermöglichen).

### 2.8.7 Lebensphase Krankheit

Krankheitsbedingte Fehltage der Mitarbeiter*innen sind eine echte Herausforderung. Dabei ist zu unterscheiden zwischen kürzeren Krankheitszeiträumen und chronischen Erkrankungen, die einen Mitarbeiter dauerhaft in Bezug auf Art und Umfang der Tätigkeit beeinträchtigen. Gerade in dieser Phase können Sie Einiges tun:

- Betriebliche Krankenversicherung mit attraktiven Zusatzleistungen,
- Unterstützung beim Umgang mit der Krankheit,
- Kontakthalteprogramm während der Ausfallzeit,
- Krankenrückkehrgespräche,
- neue Arbeitsplatzgestaltung bei Bedarf,
- Tätigkeitswechsel bei Bedarf.

### 2.8.8 Lebensphase Nebentätigkeit

Eine steigende Zahl von Beschäftigten in der Pflege geht heute mehr als einer Beschäftigung nach. Der Grund? Ein Gehalt reicht oftmals nicht aus, um den eigenen Bedürfnissen und Wünschen gerecht zu werden. Aber es gibt ja noch mehr:

- Genehmigung der Nebentätigkeit nach sorgfältiger Prüfung,
- Angebot der Nebentätigkeit im eigenen Unternehmen,
- flexible Arbeitszeitmodelle,
- Dienstplanabsprache mit anderen Unternehmen.

### 2.8.9 Lebensphase privat initiierte Weiterbildung

Die private Weiterbildung dient ebenso wie die betriebliche Weiterbildung der Entfaltung der Persönlichkeit eines Menschen und seinem beruflichen Fortkommen. In der Regel findet diese Form der Weiterbildung außerhalb der Arbeitszeit statt und wird von den Mitarbeiter*innen freiwillig wahrgenommen, oft auch verbunden mit einem finanziellen Beitrag. Unterstützen Sie diese Phase doch einfach:

- Flexible Arbeitszeitmodelle,
- ggf. finanzielle Unterstützung,
- Freistellungen für Prüfungsvorbereitungen und Prüfungen,
- interne Karrieremöglichkeiten: Anpassung des Tätigkeitsbereichs.

### 2.8.10 Lebensphase Verschuldung

Mitarbeiter*innen, die verschuldet sind, haben häufig derart hohe finanzielle Verbindlichkeiten, dass eine Tilgung mit dem vorhandenen Einkommen nicht möglich ist. Können Betroffene die Schuldenberge nicht mehr selbstständig abbauen, entstehen in der Folge nicht selten zusätzliche Probleme am Arbeitsplatz. Auch hier können Sie Hilfe anbieten:

- Mitarbeitergespräch,
- Beratung,
- buchhalterische Unterstützung, etwa bei Pfändungen,
- Mitarbeiterdarlehen,
- Kontaktvermittlung zu weiteren externen Stellen, z. B. Schuldnerberatung.

### 2.8.11 Lebensphase traumatisches/kritisches Ereignis

Traumatische Ereignisse bieten keinen Raum für vorhersehbare Erfahrungsspielräume und werden vom betroffenen Mitarbeiter in Abhängigkeit von der Schwere des Ereignisses teils ohnmächtig wahrgenommen. Häufig stehen traumatische Ereignisse in Verbindung mit dem Tod oder dem schweren Leid einer nahestehenden Person. Des Weiteren führen gewalttätige Angriffe auf die eigene Person zu traumatischen Ereignissen, die das Leben erheblich verändern, wenn nicht sogar gefährden können. Unter kritischen Ereignissen werden solche verstanden, die nicht zwangsläufig einen traumatischen Charakter annehmen, dem Einzelnen jedoch dennoch ein hohes Maß an zeitlichem und emotionalem Einsatz abverlangen, wie z. B. eine Scheidung. Seien Sie für Ihre Mitarbeiter*innen da:

- Mitarbeitergespräche,
- Coaching und Mentoring durch eine Bezugsperson,
- Unterstützung bei Behördengängen,
- flexiblen Arbeitszeitmodellen,
- Freistellung in Krisensituationen.

## 2.9 So wird das Betriebsklima lebenswert

Mitarbeiterzufriedenheit und Mitarbeitermotivation sind immer wichtiger werdende Faktoren für einen unternehmerischen Erfolg. Nur ein funktionierendes Team kann qualitativ hochwertige Arbeit leisten. Ihr Unternehmen sollte den Anspruch haben, ein guter, verlässlicher, kompetenter und gerechter Arbeitgeber zu sein, der insbesondere die Individualität eines jeden einzelnen Mitarbeiters berücksichtigt. Folgende Maßnahmen zur Gestaltung und Unterhaltung eines liebe- und vertrauensvollen Betriebsklimas haben sich in der Praxis bewährt:

- Zeitnahe Information über unternehmensinterne Veränderungen mit Darstellung von Sinn und Hintergrund,
- regelmäßige Newsletter, Mitarbeiterversammlung und Mitarbeiterbefragung,
- Mitspracherecht aller Mitarbeiter*innen im Rahmen des betrieblichen Vorschlagswesens,
- ein an den Wünschen der Mitarbeiter*innen orientiertes attraktives Fortbildungsangebot,
- verschiedene Maßnahmen zur Teambildung, z. B. Teamausflüge, Mitarbeiterfeste,
- Ehrungen und Glückwünsche zu besonderen Ereignissen,
- individuelle berufliche Weiterentwicklungs- und Karrierechancen,
- Übernahme von Führungspositionen auch im Rahmen von Teilzeitarbeitsmodellen,
- regelmäßige Führungskräftetagungen,
- eine leistungsgerechte Vergütung,
- Möglichkeiten der betrieblichen Altersvorsorge, Krankenzusatzversicherung und vermögenswirksame Leistungen,
- zeitnahe Vergütung von Mehrarbeit,
- Stempel-Bonuskarte mit attraktiven Prämien, etwa fürs Einspringen,
- individuelle Urlaubsregelungen: Urlaub kann z. B. zugekauft oder bis zur gesetzlichen Vorgabe verkauft werden,
- Zusatzurlaub: 1 Tag Zusatzurlaub ab der 10-jährigen Betriebszugehörigkeit oder ein Tag Zusatzurlaub bei erfolgreicher Kundenneuakquise,
- individuelle Leistungsboni nach persönlich vereinbarten Zielvorgaben,
- individuelle Engagementboni, z. B. für die erfolgreiche Akquise von neuen Fachkräften oder für die Einarbeitung neuer Mitarbeiter*innen,
- Sonderzahlungen für die einzelnen Bereiche auf Teamebene, z. B. für Weihnachtsfeiern, Innovationswettbewerbe,
- Unterstützung ausländischer Mitarbeiter*innen (bei Sprachkursen, etc.),
- regelmäßige Wahl zum »Mitarbeiter des Monats«: Bei Gewinn erhält der Mitarbeiter einen zusätzlichen Urlaubstag oder ein unternehmenseigenes Auto für diesen Monat,
- täglicher Essensservice für alle Mitarbeiter*innen, auch zum Mitnehmen,
- Feel-Good-Manager in jedem Team mit fest definierten Aufgaben; beispielsweise könnte der Beauftragte die Geburtstage aller Kolleg*innen im Blick haben und dafür jeweils eine Aufmerksamkeit vorbereiten
- Chancen der Mikrokarrieren, auch für Hilfs- und Assistenzkräfte.

# 3 Die pflegerischen Vorbehaltsaufgaben

## 3.1 Vorbehaltsaufgaben haben nichts mit der Behandlungspflege zu tun

Mit der Reform der Pflegeausbildung wurde für uns Pflegekräfte auf berufspolitischer Ebene ein Meilenstein gesetzt. Erstmals seit Beginn der Professionalisierung der Pflege wurden für diesen Beruf vom Gesetzgeber sogenannte »Vorbehaltsaufgaben« festgeschrieben. Dieser Begriff sorgte flächendeckend zuerst für Missverständnisse. »Neue Vorbehaltsaufgaben? Bedeutet das nun endlich, dass wir bei der Durchführung von Behandlungspflegen unabhängiger vom Arzt sind?«, war häufiger zu hören. Viele Pflegekräfte dachten am Anfang, dass jetzt z. B. die Entscheidung über die subkutane Gabe von NaCl arztunabhängiger würde und auch offiziell in den Verantwortungsbereich der Pflegefachkräfte fiele. Konnten Pflegekräfte jetzt entscheiden, wann sinnvollerweise welche Vitalwerte erhoben werden, welcher Wundverband sich bei welcher Wunde eignet? All das sind Beispiele für Entscheidungen, die in der Praxis schon oft von Pflegefachkräften getroffen werden, die jedoch auf rechtlicher Ebene immer noch vom Arzt angeordnet werden müssen. Die Hoffnung, dass es in diesem Bereich mehr Autonomie und mehr Selbstständigkeit für die Pflege gibt, erfüllte sich aber nicht. Die neuen Vorbehaltsaufgaben haben nichts mit ärztlichen Verordnungen der Behandlungspflege zu tun, sondern beziehen sich stattdessen auf die Verantwortung für das ureigene Berufsfeld – die professionelle Pflege. Im § 4 Absatz 2 des Pflegeberufegesetz wurden diese drei Vorbehaltsaufgaben festgeschrieben, die seit dem 1. Januar 2020 verbindlich gelten:

1. Die Erhebung und Feststellung des individuellen Pflegebedarfs.
2. Die Organisation, Gestaltung und Steuerung des Pflegeprozesses.
3. Die Analyse, Evaluation, Sicherung und Entwicklung der Qualität in der Pflege.

Das bedeutet in der Praxis: Von Gesetzesseite wurde nun festgelegt, dass Pflegefachkräften die gesamte Steuerung des Pflegeprozess obliegt. Keine andere Berufsgruppe hat dabei mitzureden, Pflegefachkräfte entscheiden und tragen entsprechend auch die volle Verantwortung. Eine tolle – und längst überfällige! – Aufwertung ihres Berufs.

**Info**
Die Regelung für die Vorbehaltstätigkeiten gilt sowohl für alle künftigen Pflegefachkräfte nach dem Pflegeberufegesetz als auch für alle Pflegefachkräfte, die ihre Ausbildung nach dem Krankenpflegegesetz oder dem Altenpflegegesetz absolvieren oder bereits absolviert haben. Verstöße dagegen können mit bis zu 10.000 Euro geahndet werden.

Erfahren Sie nun, was das genau zu bedeuten hat und wie Sie als Führungskraft mit den Vorbehaltsaufgaben im Arbeitsalltag umgehen sollten.

## 3.2 Die pflegerische Anamnese gehört in Fachkrafthand

Die Erhebung und Feststellung des individuellen Pflegebedarfs ist die erste der drei Vorbehaltsaufgaben. In der Praxis bedeutet das, dass Ihre Pflegefachkräfte die Anamnese und Erstaufnahme eines möglicherweise pflegebedürftigen Menschen durchführen. Sie stellen dabei Art und Umfang der Ressourcen, aber auch der Einschränkungen fest. Alle Fachkräfte haben für diese Aufgabe Kenntnis von fachlichen Einschätzungsinstrumenten wie Assessments o. ä. und nutzen bei Bedarf, was sie brauchen. Aber: Sie dürfen die pflegefachliche Anamnese nicht an eine Hilfskraft oder eine Nicht-Pflegefachkraft delegieren. Stellen Sie sich vor, ein neuer Pflegekunde möchte Leistungen eines ambulanten Pflegedienstes in Anspruch nehmen. Die für die Anamnese eingeteilte Pflegefachkraft Karin hat gerade viel Stress und meint daher am Morgen zur Hilfskraft Sabine: »Fahr du doch mal schnell bei der Frau Meyer vorbei und schau nach, was sie in Zukunft von uns will und braucht. Du bist ja fit und kennst dich aus, das passt schon.« Nein, es passt eben nicht. Diese Tätigkeit darf Karin nicht an Sabine delegieren.

Auch Verwaltungskräfte, Therapeuten oder Alltagsbegleiter, die in der Vergangenheit im Alltag immer wieder Aufnahmegespräche übertragen bekommen haben, dürfen eine solche Aufgabe nicht mehr annehmen oder ausführen. Eine Verwaltungskraft darf beispielsweise weiterhin die Aufnahme eines Pflegekunden organisatorisch vorbereiten und kann dafür gegebenenfalls beim Hausarzt oder beim bisherigen ambulanten Dienst ein Pflegeprotokoll anfordern, um zu prüfen, ob der Pflegekunde für die Einrichtung und die Versorgungsform geeignet ist. Das eigentliche pflegerische Aufnahmegespräch zur Einschätzung der Fähigkeiten und Einschränkungen, also die Erhebung der kompletten Anamnese, muss allerdings in Fachkrafthand liegen.

Beachten Sie als Leitungskraft, dass Sie Mitarbeiter*innen, die keine Pflegefachkräfte sind, Vorbehaltsaufgaben weder übertragen noch die Durchführung durch diese Personen dulden dürfen.

## 3.3 Steuern Sie den Pflegeprozess selbst

Die Organisation, Gestaltung und Steuerung des Pflegeprozesses ist die zweite definierte Vorbehaltsaufgabe. Die praktische Pflege aufgrund des fachlichen Know-hows zu organisieren und zu steuern ist die Aufgabe Ihrer Pflegefachkräfte. Der Gesetzgeber weist hier bereits deutlich den zukünftigen Weg der professionellen Pflege in Deutschland aus: Die Pflege selbst auch durchzuführen ist nämlich explizit **keine** Fachkrafttätigkeit. Der Weg hin zu mehr Assistenzkräften auf unterschiedlichem Qualifikationsniveau ist vorgezeichnet. Um zu organisieren, zu gestalten und zu steuern, müssen Ihre Fachkräfte zuerst Ziele festlegen: Was möchte man mit den einzelnen Pflegemaßnahmen erreichen? Darauf aufbauend werden die Pflegeziele mit dem Pflegekunden besprochen und im Anschluss verbindlich festgelegt. Die dazu passenden Pflegemaßnahmen planen Ihre Fachkräfte verbindlich im Rahmen einer Pflegeplanung/Maßnahmenplanung/Tagesstruktur. Dabei orientieren sie sich an pflegefachlichen Standards.

**Info**

Die direkte Pflege am Bett muss nicht durch Fachkräfte erfolgen – sie ist keine vorbehaltene Tätigkeit. Die Delegation grundpflegerischer Versorgung an Hilfs- oder Assistenzkräfte ist somit kein Problem.

Aber: Es bleibt in der Verantwortung der Pflegefachkraft, bestimmte Maßnahmen je nach Qualifikationsniveau an ausgewählte Hilfskräfte zu delegieren.

### 3.3.1 Alleinstellungsmerkmal professioneller Pflege

Pflegefachkräfte werden immer wieder mit dem Vorurteil konfrontiert, dass eigentlich jeder pflegen könne – drei Jahre Ausbildung seien doch gar nicht nötig. Wenn Sie den gesellschaftlichen Diskurs in den Medien verfolgt haben, haben Sie mitbekommen, dass auch von Seiten der Politik immer wieder diese Meinung vertreten wird. Die Schleckerfrauen, die nach der Konzernschließung von Arbeitslosigkeit bedroht waren? Ab in die Pflege – passt doch prima, denn dort fehlt es an Personal. Die reihenweise Aufgabe von Kaufhof- und Karstadtfilialen mit Massenentlassungen? Am Tag danach fällt mit Sicherheit einem Politiker ein, was den arbeitslosen Mitarbeiter*innen schnell helfen wird. Richtig, das neue Glück liegt im Pflegesektor, denn diese Arbeit kann so schwer doch nicht sein. Oder doch?

*Wichtig*

Anhand der Vorbehaltsaufgaben können Sie solchen Vorurteilen in Zukunft ganz einfach begegnen. Pflegen - das kann eben nicht jeder! Es braucht eine fachlich fundierte Ausbildung und die Pflegefachkraft der Zukunft wird mit Sicherheit nicht mehr primär in der direkten Pflege am Bett zu finden sein. Sie steuert den Pflegeprozess in seiner Gesamtheit.

## 3.4 Die Auswertung gehört in Fachkräftehand

Bei der Analyse und Weiterentwicklung der Pflegequalität kommt es nicht nur auf die PDL an. Die dritte und bislang letzte Vorbehaltsaufgabe ist die Analyse, Evaluation, Sicherung und Entwicklung der Qualität in der Pflege. Nicht nur Pflege planen und punktuell gezielt durchführen, sondern im Anschluss auch auswerten, ist das Zeichen von Qualität in der Pflege. Zur Erinnerung: Wir orientieren uns im Qualitätsmanagement seit vielen Jahren an drei Qualitätsdimensionen:

1. Strukturqualität: die Voraussetzungen für qualitativ hochwertige Arbeit.
2. Prozessqualität: die professionelle Durchführung einzelner Handlungen
3. Ergebnisqualität: die Auswertung – Waren alle geplanten und durchgeführten Maßnahmen wirksam?

Die dritte Vorbehaltsaufgabe meint nun die Ergebnisqualität. Wie sinnvoll waren z. B. die durchgeführten Maßnahmen? Hier sind Sie nun dafür verantwortlich, eigenständig zu evaluieren, zu analysieren, die richtigen Schlüsse zu ziehen und so die Sicherung und Entwicklung der Qualität zu garantieren.

**Beispiel** **Die drei Vorbehaltsaufgaben bei Herrn Schulze**

Der Pflegekunde Herr Schulze ist sturzgefährdet. Sie haben dieses Risiko im Rahmen der Anamnese erkannt und den entsprechenden Handlungsbedarf festgestellt. Das wäre die **Erhebung und Feststellung des individuellen Pflegebedarfs**.
Als Pflegeziel legen Sie gemeinsam mit Herrn Schulze fest, dass Stürze vermieden bzw. minimiert werden sollen. Dazu einigen Sie sich bei der Planung der Maßnahmen mit ihm auf die ständige Nutzung eines Rollators. Dieser wird Herrn Schulze täglich von den Pflegekräften bereitgestellt, weil er, wie er Ihnen sagt, diesen öfter einmal vergisst. Das ist die **Organisation, Gestaltung und Steuerung des Pflegeprozesses**.
Nach zwei Monaten evaluieren Sie das Sturzrisiko und die geplanten Maßnahmen dazu und werten die bisherige Durchführung aus. Dabei stellen Sie anhand der Einträge in der Dokumentation fest, dass Herr Schulze trotz täglicher Bereitstellung den Rollator häufig vergisst oder ihn stehen lässt. Er läuft dann allein los und ist dabei sehr gangunsicher, die Sturzgefahr ist massiv erhöht. Offensichtlich gibt es hier Handlungsbedarf, denn die ursprünglich geplante Maßnahme ist nicht zielführend. Das haben Sie nun erkannt. Sie überlegen daher neue Maßnahmen zur Sturzprophylaxe. Die **Analyse, Evaluation, Sicherung und Entwicklung der Qualität in der Pflege** ist damit erfüllt.

## 3.5 Integrieren Sie die Vorbehaltsaufgaben in den Alltag

Nach den vorangegangenen Hintergrundinformationen geht es jetzt in die Praxis: Wie kann der Transfer der Vorbehaltsaufgaben optimal gelingen? Passen Sie zuerst die Stellenbeschreibungen Ihrer Pflegefachkräfte an. Alle drei Vorbehaltsaufgaben müssen dort ab sofort benannt sein. Im Einarbeitungskonzept sollten sich diese ebenfalls wiederfinden und mit neuen Fachkräften besprochen werden. Aufgrund der Corona-Pandemie hat das Wissen um die Vorbehaltsaufgaben leider noch nicht alle Pflegefachkräfte erreicht. Es kann deshalb gut möglich sein, dass neue Mitarbeiter*innen davon noch nichts gehört haben – Aufklärung tut not.

Für Ihre langjährigen Fachkräfte kann die Aushändigung der evaluierten Stellenbeschreibung ein erster Hinweis auf das veränderte Aufgabenprofil sein. Ich rate Ihnen, im Anschluss daran Ihre Fachkräfte zusätzlich zu schulen. Ein Qualitätszirkel oder ein Seminartag bietet sich dafür an. In einer geeigneten Runde kann das Bewusstsein für die neuen Vorbehaltsaufgaben geschult werden. Damit erfüllen Sie einerseits Ihren berufspolitischen Auftrag, andererseits kommen Sie damit Ihrer Informationspflicht gegenüber Ihren Mitarbeiter*innen nach. Der nächste Schritt besteht darin, den Praxistransfer sicherzustellen. Überlegen Sie gemeinsam mit allen Pflegefachkräften:

- Wie gelingt es, die neuen Vorbehaltsaufgaben in Ihrem Unternehmen mit Leben zu füllen?
- Was braucht es an Anpassungen im Arbeitsablauf?
- Wie kann der Gedanke der Vorbehaltsaufgaben qualitativ weiterentwickelt werden?

**Tipp**

Finden Sie im Unternehmen gemeinsam Antworten und Lösungsmöglichkeiten für diese Leitfragen. Dann sind Sie für die Zukunft optimal aufgestellt.

# 4 Pflegefachkräfte und Assistenzkräfte

## 4.1 Sorgen Sie für eine gezielte Aufgabenverteilung unter Ihren Fachkräften

Führen Pflegefachkräfte in Ihrem Unternehmen teilweise Tätigkeiten aus, von denen Sie denken: »Eigentlich ist derjenige dafür gar nicht zuständig?« oder: »Eigentlich ist derjenige dafür überqualifiziert?« Ich habe z. B. kürzlich in einem ambulanten Dienst erlebt, dass die Pflegedienstleitung generell einmal pro Woche zu den Pflegekunden nach Hause fährt und dort die Dokumentation einsammelt. Das kostet sie ungefähr zwei Stunden Arbeitszeit. Dabei habe ich mich gefragt: Warum übernimmt eine solche Tätigkeit nicht eine weniger qualifizierte Hilfskraft? Mit einer ähnlichen Problem-Brille sollten Sie alle Aufgaben Ihrer Pflegefachkräfte bewerten. Gehen Sie dabei in diesen Schritten vor:

1. Erstellen Sie ein Aufgabenprofil aller derzeitigen Aufgaben. Gut eignet sich dafür z. B. ein Tagebuch, dass die Pflegekraft über einen Zeitraum von zwei Wochen führt. Am Schluss erfolgt dann eine Zusammenfassung.
2. Überlegen Sie anhand der aufgelisteten Aufgaben:
   - Ist jede einzelne Aufgabe bei der Pflegefachkraft richtig angesiedelt?
   - Ist sie dafür die richtige Person, ist sie weder über- noch unterqualifiziert, passen die Aufgaben zum Berufsbild?
3. Fragen Sie bei allen Aufgaben, die sie nicht bei der Pflegefachkraft sehen: Wer könnte diese stattdessen übernehmen? Welche Einarbeitung braucht es hier, wie sind die zusätzlichen Zeitkapazitäten zu berechnen?
4. Welche Aufgaben sollte die Pflegefachkraft sinnigerweise noch zusätzlich übernehmen? Auch hier: Welche Einarbeitung braucht es, wie sind die zusätzlichen Zeitkapazitäten zu berechnen?
5. Betrachten Sie sich am Schluss das angepasste Aufgabenprofil der Pflegefachkraft. Notieren Sie zu jeder Aufgabe den ungefähren Zeitbedarf und überprüfen Sie das Ganze nach drei Monaten noch einmal: Kann die Pflegefachkraft nun gut und in Ruhe all Ihren Aufgaben nachkommen?

Zu einer sinnvollen Neustrukturierung gehört auch, sich über die einzelnen Berufsgruppen Gedanken zu machen. Bisher arbeiten in der Pflege überwiegend Pflegefach- und Pflegehilfskräfte. Wie kann eine Weiterqualifizierung von Pflegehilfskräften gelingen, sodass diese mehr Verantwortung tragen können? Und braucht es dann hinterher nicht eine feste dritte Berufsgruppe, etwa sog. »Bereichshelfer«, um den Fach- und Hilfskräften zuzuarbeiten?



## 4.2 Stärken Sie die Kompetenz Ihrer Pflegehilfskräfte mit einem strukturierten Prozedere

Ungelernte oder einjährig examinierte Pflegehilfskräfte im Sinne eines »lebenslangen Lernens« stetig weiter zu qualifizieren, bietet viele Vorteile. Es kann auf diese Weise zum einen gelingen, jenen Menschen Verantwortung zu übertragen, die eine reguläre Ausbildung aus unterschiedlichen Gründen nicht absolvieren können. Zugleich wird dadurch die Aufgabenflut bei gleichzeitigem Personalmangel auf alle (Pflege-)Teammitglieder aufgeteilt, sodass für Ihre Fachkräfte gezielt Zeitressourcen frei werden.

Es braucht ein strukturiertes Prozedere, um die Weiterqualifizierung im Unternehmen sinnvoll zu steuern und sich auch rechtlich abzusichern. Die Weiterqualifizierung von Pflegehilfskräften kann gelingen, wenn im eigenen Bundesland Klarheit darüber herrscht, welche Aufgaben aktuell an gelernte und ungelernte Pflegehilfskräfte delegiert werden dürfen. In der Regel veröffentlichen die jeweiligen Kontrollbehörden einen entsprechenden Maßnahmenkatalog. Die Hessische Heimaufsicht des Regierungspräsidiums Gießen hat 2011 den »Kriterienkatalog zur Durchführung von behandlungspflegerischen Maßnahmen (SGB V-Leistungen) in Einrichtungen der stationären Altenhilfe« veröffentlicht. Hier kann genau nachgelesen werden, welche Tätigkeiten auf Pflegehilfskräfte mit welchem Ausbildungsniveau übertragen werden dürfen. So ist es z. B. laut den Statuten möglich, die Kontrolle der Vitalwerte Blutdruck, Puls und Blutzucker ebenso zu delegieren wie das Verteilen von Medikamenten an Pflegekunden. Die Herausforderung besteht nun darin, eine solche offizielle Regelung in ein sinnvolles internes Ablaufsystem einzubetten.

**Ein strukturierter interner Ablauf bestünde beispielsweise in folgendem Prozedere:**

- Die ungelernte Pflegehilfskraft Kathrin nimmt die Arbeit in der Pflege am 1. März in der Pflegeeinrichtung Sonnenschein auf.
- Während der ersten vier Wochen steht ihr ein persönlicher Einarbeitungsmentor zur Seite. Dieser arbeitet Kathrin in den ersten Tagen in die direkte grundpflegerische Versorgung der Pflegekunden ein. Nach zwei Wochen beginnt der Pate, Kathrin auch in einfachen Tätigkeiten der Behandlungspflege wie z. B. der Blut-

druck- und der Pulskontrolle anzuleiten. Sinnigerweise übernimmt ein pädagogisch weitergebildeter Praxisanleiter die Aufgabe des Einarbeitungspaten.

- Nach den vier Wochen der Anleitung und Einarbeitung erfolgt innerhalb der nächsten zwei Wochen eine erste Pflegevisite durch einen Mitarbeiter des Qualitätsmanagements oder der Pflegedienstleitung. Mittels eines standardisierten Formulars überprüft dieser, ob Kathrin die grundpflegerische Versorgung der Pflegekunden – mit allem, was dazu gehört – nach hausinternen Qualitätsstandards gut umsetzt und auch solche Maßnahmen wie Blutdruck- und Pulskontrolle bereits sicher selbstständig durchführen kann sowie Hintergrundwissen zur Thematik hat, etwa die entsprechenden Warnwerte kennt. Am Ende der Pflegevisite kann Kathrin die Tätigkeiten, bei denen sie sich jeweils sicher oder unsicher fühlt, zurückmelden. Der Vorgesetzte gibt eine zusammenfassende Beurteilung an Kathrin weiter, insbesondere Verbesserungspotenzial wird aufgezeigt.
- Im Arbeitsalltag üben der Einarbeitungsmentor und Kathrin weiter die Umsetzung aller künftigen Aufgaben.
- Nach einem halben Jahr findet die zweite Pflegevisite statt. Sollte Kathrin hier die Maßnahme »Blutdruck- und Pulsmessung« sicher durchführen, bekommt sie danach die interne Freigabe. Künftig kann sie die Maßnahmen nach Anweisung durch die Fachkraft selbstständig im Arbeitsalltag umsetzen. Alle Pflegevisiten samt ihren Ergebnissen werden selbstverständlich schriftlich dokumentiert.
- Ein interner Standard ist vorhanden, der die beschriebene Vorgehensweise aufzeigt. Hier sind auch Angaben über die Rhythmen der Pflegevisite zu finden. Erfahrene Hilfskräfte, die z. B. mehr als fünf Jahre im Unternehmen tätig sind, werden nur noch alle zwei Jahre überprüft; bei Hilfskräften, die weniger als fünf Jahre im Betrieb arbeiten, erfolgt eine jährliche Pflegevisite.

***Fazit*** **Qualifizierung nach Standards**

Wenn die Pflegefachkraft sich in Zukunft mehr und mehr auf reine Fachtätigkeiten konzentrieren soll und muss, sollte die Aufgabenverteilung neu strukturiert werden. Als Konsequenz braucht es eine größere Übernahme bestimmter Tätigkeiten durch Pflegehilfskräfte. Diese können mit einem standardisierten Vorgehen weiterqualifiziert werden.

## 4.3 Schaffen Sie eine zusätzliche Berufsgruppe



Neben der Weiterqualifizierung von Pflegehilfskräften sollten Sie auch über die Schaffung einer dritten Berufsgruppe überdenken. Sogenannte »Bereichshelfer« waren in den 1970er und 1980er Jahren bereits vielfach in Krankenhäusern tätig. Sie übernahmen reine Hilfstätigkeiten, für die es keine formale Qualifizierung braucht. Ihre Hauptaufgabe besteht darin, unterstützende Hilfstätigkeiten nach Anweisung durch die Pflegefach- oder die Pflegehilfskraft auszuführen, u. a.:

- Betten machen und beziehen,
- Lager aufräumen,
- Inko-Materialien einsortieren,
- Wäsche wegräumen,
- hauswirtschaftliche Tätigkeiten,
- für Funktionsfähigkeit und Sauberkeit der Hilfsmittel sorgen.

Durch diese pflegeunabhängigen Tätigkeiten eröffnet sich ein weiter Spielraum, was die Arbeitszeiten für diese Berufsgruppe angeht. Es sollte problemlos möglich sein, dass diese Hilfskräfte um 8:00 oder 9:00 Uhr mit ihrer Arbeit beginnen. Das eröffnet Ihnen zusätzlich eine ganz andere Ansprache potenzieller Bewerber.

***Fazit*** **Neue Berufsgruppe – mehr Freiheit!**

Die Schaffung einer weiteren Berufsgruppe hebt die neue Aufgabenverteilung auf ein sinnvolles Level und weist Ihnen bereits jetzt den Weg in die Zukunft Richtung PeBem (Personalbemessungsgesetz).

## 4.4 Bilden Sie interne Experten aus

Diskutieren Sie auch hin und wieder, ob das System der Bezugs- oder das der Funktionspflege besser ist? Kurz zur Erinnerung: Wird die Bezugspflege gelebt, dann heißt das: fünf Pflegefachkräfte auf einem Bereich mit insgesamt 30 Pflegekunden versorgen fest zugeordnet jeweils sechs Pflegekunden. Die Pflegefachkraft Ina ist primär für Frau Meyer, Frau Schmidt, Frau Huber, Herrn Schulze, Herrn Menga und Herrn Friedrich verantwortlich. Ist sie im Dienst, übernimmt sie die grundpflegerische Versorgung bei diesen sechs Pflegekunden. Auch die entsprechend anfallende Büroarbeit fällt in Inas Zuständigkeit, d. h., sie ist für die Erstellung der Pflege- und Maßnahmenplanung bei »ihren« Pflegekunden verantwortlich und evaluiert diese regelmäßig. Sie erstellt auch das Risikomanagement und bearbeitet interne Vorgaben der Einrichtung bei ihren sechs Pflegekunden. Beispielsweise ist es dem Haus Sonnenschein besonders wichtig, dass alle drei Monate die Psychopharmaka bei jedem Pflegekunden separat betrachtet und evaluiert werden; jeden Monat soll der Themenkomplex der freiheitsentziehenden Maßnahmen von jeder Fachkraft bei ihren Pflegekunden genau unter die Lupe genommen werden. Vor dem Hintergrund der zunehmenden Komplexität einzelner pflegefachlicher Themenfelder ist es fraglich, ob eine solche Struktur noch effektiv und zeitgemäß ist. Bezieht sich die Bezugspflege rein auf die tagtägliche grundpflegerische Versorgung ist es sinnvoll, feste Zuordnungen von Pflegekunden zu Personal zu treffen.

Im Bereich großer pflegefachlicher Themenkomplexe sollten eher die Grundsätze des Systems der Funktionspflege greifen. Das bedeutet in dem Zusammenhang: Es gibt in der Einrichtung je Bereich eine Pflegefachkraft, die für alle Pflegekunden regelmäßig die Psychopharmaka-Verordnungen evaluiert. Es gibt je Bereich eine Pflegefachkraft, die die freiheitsentziehenden Maßnahmen bei allen Pflegekunden im Blick hat etc. Die Vorteile dieser Struktur liegen klar auf der Hand: Haben Sie zu je einem Themengebiet eine Pflegefachkraft im Bereich, kann diese viel mehr in die Tiefe gehen und sich im Laufe der Zeit durch den Besuch entsprechender Fortbildungen und durch das Studium weiterführender Fachliteratur zu einem echten fachlichen Experten für ihr persönliches Thema entwickeln.

Zu unserem Beispiel zurück: Ist Ina weiterhin bei ihren sechs Pflegekunden für alle pflegefachlichen Themen verantwortlich, gelingt ein echtes Expertenwissen in der Tiefe nicht. Dafür gibt es mittlerweile zu viele fachliche Anforderungen und im normalen Arbeitsalltag zu wenig Zeitressourcen, um zu allen Themen das aktuelle Know-how abzubilden. Interessiert Ina sich aber z. B. besonders für das Thema der Psychopharmaka kann sie die Expertenrolle hier übernehmen. Alle anderen Fachkraftkolleg*innen wissen, dass ihnen Ina als kompetente Ansprechpartnerin zum Thema zur Verfügung steht. Ina evaluiert regelmäßig die Verordnungen aller Pflegekunden, kennt Wirkung und Nebenwirkungen der Medikamentengruppe, weiß aber auch um alternative Ansätze in der Behandlung von forderndem Verhalten der Pflegekunden. Durch das regelmäßige Studium von Fachartikeln, durch den Besuch passender Fortbildungen und durch den regelmäßigen Austausch mit dem kooperierenden Neurologen der Einrichtung erlangt sie gezieltes Fachwissen in breiter Tiefe. Gehen Sie bei der Umsetzung der Maßnahme »Ausbildung von internen Experten« gern anhand der beschriebenen Schritte in der Checkliste (▸ Tab. 5) vor.

**Tab. 5: Checkliste: Interne Ausbildung von Pflegefachkraft-Experten**

| Vorgehensweise | | |
|---|---|---|
| 1 | Identifizieren Sie zuerst die großen fachlichen Themen: Greifen Sie hier zum einen auf externe Anforderungen zurück (Was prüfen Pflegeaufsicht und MDK?), überlegen Sie zum anderen, was Ihnen an eigenen Punkten innerhalb des Unternehmens wichtig ist. Beispielsweise prüft keine externe Kontrollinstanz die Psychopharmaka-Verordnungen der Pflegekunden. Ob diese im Gießkannenprinzip vorhanden sind oder nur ganz gezielt unter dem Hinzuziehen von alternativen Ansätzen verordnet werden, kann aber der Einrichtung Sonnenschein als internes Qualitätsmerkmal wichtig sein. | ☐ |
| 2 | Listen Sie somit alle externen Anforderungen und alle internen Themen auf und überlegen Sie danach, welche Kontrolle in welchem zeitlichen Rhythmus sinnvoll ist. Beispielsweise sollte sich eine Pflegefachkraft unbedingt monatlich mit den freiheitsentziehenden Maßnahmen der Pflegekunden ihres Bereichs auseinandersetzen. Das ist ein wichtiges Thema, bei dem es bestimmte gesetzliche Vorgaben zu beachten gilt – ein monatliches Controlling ist angebracht. Für den Bereich der Psychopharmaka hingehen kann das Controlling einmal im Quartal ausreichend sein. | ☐ |
| 3 | Ordnen Sie im nächsten Schritt den Zeitbedarf zu: Wie lange braucht eine Pflegefachkraft bis sie die freiheitsentziehenden Maßnahmen bei 30 Pflegekunden überprüft und jeweils den nötigen Handlungsbedarf eingeleitet hat? | ☐ |
| 4 | Überlegen Sie nun, welche Pflegefachkraft welche Expertenrolle übernehmen könnte. | ☐ |
| 5 | Stellen Sie die neue Struktur der pflegefachlichen Themen und ihrer Experten zum Schluss übersichtlich anhand eines Jahresplans dar. Das schafft Transparenz und gibt klare Arbeitsvorgaben für die Praxis. Im untenstehenden Modell sehen Sie, wie ein solcher Plan in der Praxis aussehen könnte. | ☐ |

**Tab. 6: Beispiel: Haus Sonnenschein und das Controlling**

| Pflegeeinrichtung Sonnenschein<br>Controlling Wohnbereich A | | | | | |
|---|---|---|---|---|---|
| **Januar** | **Februar** | **März** | **April** | **Mai** | **Juni** |
| Freiheitsentziehende Maßnahmen (FEM)<br>→ PFK Tina | FEM<br>→ PFK Tina | FEM<br>→ PFK Tina | FEM<br>→ PFK Tina | FEM<br>→ PFK Tina | FEM<br>→ PFK Tina |
| | | Psychopharmaka<br>→ PFK Ina | | | Psychopharmaka<br>→ PFK Ina |

## 4.5 Die PDL unter der Lupe

Sind Sie selbst als Pflegedienstleitung tätig und werden fast nie pünktlich mit Ihrer Arbeit fertig? Oder sehen Sie Ihre PDL des Öfteren unter Bergen von Arbeit versinken? Dann ist es Zeit – im Sinne einer guten Aufgabenstrukturierung –, auch an dieser Leitungsposition anzusetzen. Leider gibt es bisher kein einheitliches Aufgabenprofil für Pflegedienstleitungen. Man konnte sich bis jetzt innerhalb der Branche lediglich auf einen verbindlichen Mindeststandard einigen: Pflegedienstleitungen sind leitende Pflegefachkräfte mit entsprechender Weiterbildung, z. B. einem Fachhochschulabschluss oder einer Fachweiterbildung. Sie sind in der Regel im mittleren Management angesiedelt und übernehmen – je nach Vorgaben des Trägers – eine Vielzahl unterschiedlicher Aufgaben. Hier eine kleine Auswahl von Kernaufgaben:

- Personalführung (z. B. Personalentwicklung, Mitarbeitermotivation, Dienstplanung),
- Organisation der Arbeit (z. B. Arbeitsabläufe, Kostenkontrolle),
- Diensteinteilung (z. B. Zuordnung der Mitarbeiter*innen zu Teams, Zuordnung zu den Arbeitsaufgaben),
- Informationsweiterleitung (z. B. durch An- und Rundschreiben, Personalversammlungen, Teammeetings),
- Schnittstelle zu externen Partnern (z. B. Ärzte, Arztpraxen und Dienstleister),
- Warenwirtschaft (z. B. Produktauswahl, Absprachen mit internem Einkauf oder Einkaufsverbund und Lagerhaltung),
- Qualitätssicherung und -weiterentwicklung in der Pflege (z. B. Analyse der Dokumentation, Durchführung von Pflegevisiten, Vorbereitung und Begleitung von Qualitätsprüfungen).

**Tipp**

Ich empfehle Ihnen deshalb, nicht nur die Aufgabenprofile der Pflegefachkräfte und der Pflegehilfskräfte neu zu überdenken, sondern auch das der Pflegedienstleitung.

Die von Unternehmen zu Unternehmen variierenden Kernaufgaben führen dazu, dass in das Aufgabenprofil so mancher PDL mehr reingepackt wird, als diese in einer 40-Stunden-Woche realistisch bearbeiten kann. Als das Thema Qualitätsmanagement in den letzten Jahren immer stärker in den Fokus gerückt ist, wurde es vielfach einfach noch als zusätzliches To-do bei den Pflegedienstleitungen angesiedelt. Das Thema Dienstplanmanagement ist in den letzten Jahren zunehmend komplexer und vielschichtiger geworden – ist es noch zeitgemäß, dass die PDL es quasi »nebenbei« mitverantwortet? Sie bemerken schon an meiner Suggestivfrage, dass ich es nicht für sinnvoll halte, das eigene Aufgabenprofil zu überfrachten und immer mehr »Nebenbeis« anzunehmen. Es ist ein sehr viel sinnigeres Konzept, gewisse »große« Thematiken auszulagern.

Für das Thema Qualitätsmanagement braucht es eine eigene Stabsstelle – das Thema ist viel zu groß, um es »nebenbei« mitzumachen. Das Thema Dienstplan-/Personalmanagement ebenso (▸ Kap. 2.2.1). Nehmen Sie weitere Aufgaben unter die Lupe und sortieren Sie radikal aus, bis so viele Aufgaben übrig bleiben, die nach der 80-/20 Prozent-Regelung (▸ Kap. 1.10.1) gut bewältigt werden können.

# 5 Direkte Mitarbeiterführung im persönlichen Gespräch

## 5.1 Wirken Sie einer Lästerkultur entgegen

Seien wir ehrlich: In der Pflege wird zu oft zu wenig miteinander und viel zu viel übereinander geredet. Als Führungskraft sollten Sie diese alten Muster durchbrechen und bei der Führung Ihrer Mitarbeiter*innen zuerst eine eventuell vorherrschende Lästerkultur im Team durchbrechen. Keinesfalls dürfen Sie sich an negativen Gesprächen über Mitarbeiter*innen beteiligen. Als Führungskraft haben Sie die Aufgabe, neutral zu bleiben und dadurch für alle Teammitglieder jederzeit als Vertrauensperson ansprechbar zu sein. Vor kurzem las ich die folgende Geschichte, die ich Ihnen gerne zu Beginn dieses Kapitels zum Nachdenken vorstellen möchte.

**Beispiel** **Die Macht der Worte**

*»Ein Nachbar hatte über Herrn Schmidt schlecht geredet und die Gerüchte waren bis zu Herrn Schmidt gekommen. Er stellte den Nachbarn zur Rede. »Ich werde es bestimmt nicht wieder tun«, versprach der Nachbar. »Ich nehme alles zurück, was ich über Sie erzählt habe.« Herr Schmidt sah den anderen ernst an. »Ich habe keinen Grund, Ihnen nicht zu verzeihen«, erwiderte er, »jedoch verlangt jede ungute Tat ihre Sühne.« »Ich bin gerne zu allem bereit«, sagte der Nachbar zerknirscht.«*

*Herr Schmidt erhob sich, ging in sein Schlafzimmer und kam mit einem großen Kopfkissen zurück. »Tragen Sie dieses Kissen in Ihr Haus, dass 100 Schritte von meinem entfernt steht«, sagte er. »Dann schneiden Sie ein Loch in das Kissen und kommen wieder zurück, indem Sie unterwegs immer eine Feder nach links und eine nach rechts werfen. Dies ist der Sühne 1. Teil.« Der Nachbar tat, wie ihm geheißen. Als er wieder vor Herrn Schmidt stand und ihm die leere Kissenhülle überreichte, fragte er: »Und der 2. Teil der Buße?« »Gehen Sie jetzt den Weg zu Ihrem Haus zurück und sammeln Sie alle Federn wieder ein.« Der Nachbar stammelte verwirrt: »Ich kann doch unmöglich all die Federn wieder einsammeln! Ich streute sie wahllos aus, warf eine hierhin und eine dorthin. Inzwischen hat der Wind sie in alle Himmelsrichtungen getragen! Wie könnte ich sie alle wieder einsammeln?«*

*Herr Schmidt nickte ernst: »Das wollte ich hören. Genauso ist es mit der üblen Nachrede und den Verleumdungen. Einmal ausgestreut, laufen sie durch alle Winde und wir wissen nicht, wohin. Wie kann man sie also einfach zurücknehmen?«* (Verfasser unbekannt)



## 5.2 Stellen Sie sich der Gefühlsarbeit

Ich erinnere mich auch nach vielen Jahren immer noch gut an eine meine frühere Mitarbeiterin Kathrin. Es verging kein Tag, an dem sie nicht klagte: »Ach, warum geht es mir nur so schlecht? Letzte Woche musste ich schon wieder einspringen. Mein Rücken tut mir nur noch weh und von einem angemessenen Gehalt kann man hier nur träumen! Das habe ich nach so vielen Jahren in der Pflege nicht verdient.« Vielen Kolleg*innen fiel es sichtlich schwer, diese Litanei Tag für Tag zu ertragen, denn wir wussten alle: Kathrin sprang von sich aus immer wieder ein, ja, sie drängte sich regelrecht vor, sobald sie erfuhr, dass jemand erkrankt war. Ihr Rücken tat ihr vermutlich weh, weil sie auch die schwersten Pflegekunden lieber allein versorgte, anstatt sich Hilfe bei den Kolleg*innen zu holen. Wenn ich als Ihre Teamleitung sie bat, einen offiziellen Antrag auf Gehaltserhöhung auszufüllen, winkte sie nur leidend ab und bemerkte: »Das wird doch sowieso nichts.« Kennen Sie ähnliche Situationen? In Ihrer Arbeit als Führungskraft haben Sie es mit den unterschiedlichsten Menschen zu tun. Manche sind innerlich zufrieden und immer gut gelaunt, andere sind eher in sich gekehrt, wirken mürrisch und scheinen sich mit ihrem Leben oder ihrer Arbeit nie so richtig arrangieren zu können.

Eine Mitarbeiterin wie Kathrin zerrt natürlich an den Nerven, denn sie zeigt sich scheinbar resistent gegenüber Ihrer Beratung und man bekommt schnell das Gefühl, dass sie keine wirkliche Lösung für ihre Probleme und ihre Situation möchte. Im Rahmen eines ganzheitlichen Führungsansatzes gehört es aber auch zu Ihren Aufgaben, die gefühlsmäßige Belastung der Ihnen anvertrauten Mitarbeiter*innen so weit wie möglich zu reduzieren und das emotionale Wohlbefinden zu steigern. Dies kann gelingen, wenn Ihnen der Wert von professioneller Gefühlsarbeit bewusst ist. Der amerikanische Sozialwissenschaftler Anselm Strauss[6] hat fünf verschiedene Arten pflegerischer Gefühlsarbeit definiert, die sehr gut auf die Arbeit einer Führungskraft übertragen werden können. In der Übersicht (▸ Tab. 7) finden Sie diese fünf Arten

[6] Vgl. Kellnhauser E (2004): Welche Möglichkeiten der Gefühlsarbeit hat die Pflege nach A. Strauss? In: Schewior Popp et al. (2004): Thiemes Pflege. Thieme, Stuttgart

samt näherer Erläuterung und einem passenden Beispiel, abgewandelt auf die Mitarbeiterführung im Gespräch. Das kann Ihnen helfen, Ihre Mitarbeiter*innen emotional zu begreifen und zu begleiten.

**Tab. 7: Gefühlsarbeit in der Pflege nach A. Strauss, abgewandelt auf die Führung von Mitarbeitern**

| Arten von Gefühlsarbeit | Erläuterung | Beispiel |
|---|---|---|
| Vertrauensbildende Arbeit | • Der Mitarbeiter wird als mündiger Partner akzeptiert und respektiert.<br>• Die empathische und individuelle Betreuung ist wichtig.<br>• Diese wird erreicht, wenn Sie Ängste und Unsicherheiten in Erfahrung bringen und minimieren können. | Sie führen eine Gehaltsverhandlung mit einem Mitarbeiter. Dabei erklären Sie sachlich Ihre Sichtweise. Sie ermuntern Ihren Mitarbeiter, Fragen zu stellen, und fordern ihn auf, in angemessener Weise am Gespräch mitzuwirken. |
| Haltungserhaltende Arbeit | Dem Mitarbeiter wird geholfen, seine Haltung und seinen Selbstrespekt zu wahren. | Sie wissen, dass Ihr Mitarbeiter am Wochenende ungern Spätdienst macht. Bei der Dienstplanung berücksichtigen Sie diesen Wunsch. |
| Biografische Arbeit | Ziel ist es hier, Hintergründe und Gewohnheiten in Erfahrung zu bringen, um Ihre individuelle Mitarbeiterführung darauf abzustimmen. | In Bezug auf das eben genannte Beispiel der Abneigung gegen Spätdienst: Sie wissen, dass der Partner Ihres Mitarbeiters gerne am Samstag- und Sonntagnachmittag etwas mit der Familie unternimmt. Das ist ihm ganz wichtig. Mit diesem Hintergrundwissen verteidigen Sie den Wunsch bei Kritik anderer Mitarbeiter. |
| Identitätsarbeit | • Grundannahme: Jeder Mensch nimmt bestimmte Rollen im Berufs- und Privatleben ein und identifiziert sich mit diesen. Die Arbeit im Team/ in der Pflege führt manchmal dazu, dass eine vorherige Rolle nicht mehr wahrgenommen werden kann. Dadurch kommt es ein Stück weit zu einem Identitätsverlust. | Ihre neue Pflegehilfskraft ist gelernte Frisörin. Aufgrund der finanziellen Notwendigkeit ist sie in die Pflege gewechselt. Als Frisörin konnte sie kreativ und eigenverantwortlich arbeiten. Als Hilfskraft steht sie plötzlich am unteren Ende der Teamhierarchie und kennt ihr neues Aufgabengebiet noch nicht gut. Sie muss sich viel sagen lassen. Dies stürzt sie in Verzweiflung. Hier können Sie gegensteuern, wenn Sie mit ihr offen und ehrlich kommunizieren. Vielleicht gelingt es Ihnen, ihr zu einer neuen Rolle zu verhelfen, in der sie nach wie vor kreativ und eigenverantwortlich arbeiten kann – z. B. könnte sie den Badedienst übernehmen und die Haare aller Pflegekunden top stylen? |

| Arten von Gefühlsarbeit | Erläuterung | Beispiel |
|---|---|---|
| Wiedergut-machungsarbeit | • Sie wird immer dann erforderlich, wenn sich Ihr Mitarbeiter verletzt fühlt.<br>• Dies kann durch unbedachte Äußerungen oder unsensibles Verhalten passieren. | Ihr Mitarbeiter wollte das Gespräch mit Ihnen suchen, Sie waren am Morgen im Stress und hatten keine Zeit für ihn. Als der Mitarbeiter Sie gegen Mittag noch einmal ansprach, haben Sie die Augen verdreht. Dies hat er sofort gesehen. Hier hilft eine Entschuldigung, gepaart mit einer Erklärung, warum Sie so im Stress sind und dass Sie es nicht persönlich gemeint haben, am besten. |



## 5.3 Strukturieren Sie Ihre Personalgespräche

Personalgespräche sind häufig ein eher ungeliebtes Thema. Und ein Bereich, in dem – sowohl auf der Seite von Führungskräften, als auch auf der Seite der Mitarbeiter*innen – viel Unsicherheit herrscht. Ein Grund dafür: Es existiert keine ausdrückliche gesetzliche Regelung zu Personalgesprächen. Eines haben Arbeitsgerichte aber anhand gefällter Urteile in der Vergangenheit bestätigt: Als Führungskraft müssen Sie Ihrem Mitarbeiter immer den Grund für Ihre Gesprächseinladung nennen.

### 5.3.1 Nennen Sie den Anlass

Möchten Sie mit Ihrem Mitarbeiter über seine Arbeitsleistung oder sein Verhalten im Unternehmen sprechen, kann dieser sich nicht widersetzen. Aufgrund Ihres Weisungsrechts können Sie ein solches Gespräch einseitig anordnen. Verweigert der Mitarbeiter das Personalgespräch zu diesen Themen, kann ihm eine Abmahnung drohen. Bereiten Sie sich auf jedes Personalgespräch gut vor und lassen Sie sich keinesfalls überrumpeln. Es ist wichtig, dass Sie Herr der Situation bleiben. Gehen Sie ab sofort anhand dieser drei Punkte vor, führen Sie auch durch schwierige Gespräche souverän:

1. Bereiten Sie sich intensiv vor: Unabhängig davon, was Ihr Mitarbeiter von Ihnen möchte. Definieren Sie immer auch für sich ein klares Gesprächsziel. Möchten Sie z. B. Ihren Standpunkt in einer ganz bestimmten Sache darlegen? Machen Sie sich im Vorfeld entsprechende Notizen und fassen Sie alles schriftlich zusammen, was Ihnen wichtig ist. Diese Notizen nehmen Sie mit in das Gespräch – sie vermitteln Ihnen Sicherheit.
2. Geben Sie immer Feedback: Das Personalgespräch sollte immer ein Dialog auf Augenhöhe sein. Geben Sie Ihrem Mitarbeiter immer Feedback. Fühlen Sie sich von ihm in Ihrer Arbeit ausreichend unterstützt? Erhalten Sie alle Informationen, die Sie brauchen? Behandelt er Sie fair und respektvoll?

3. Schaffen Sie Verbindlichkeit: Oft werden viele Themen gleichzeitig besprochen, Dadurch riskieren Sie aber, den Blick für das Wesentliche zu verlieren. Machen Sie sich daher während des Gesprächs Notizen. Am Ende fassen Sie die wichtigsten Punkte noch einmal zusammen. So entsteht Verbindlichkeit für beide Seiten. Zusätzlich haben Sie damit eine gute Absicherung, denn Personalgespräche werden in der Regel ja unter vier Augen geführt. Wenn Sie vor oder während des Gesprächs das Gefühl haben, dass alles irgendwie schief- und in eine negative Richtung läuft, protokollieren Sie am besten die wichtigsten Gesprächsinhalte stichpunktartig. Anschließend übergeben Sie Ihrem Mitarbeiter eine Kopie zur Kenntnisnahme.

***Wichtig*** **Was nicht ins Personalgespräch gehört**

Treten Sie immer sachlich und professionell auf. Lästereien oder eine emotional-persönliche Bewertung Ihres Mitarbeiters sind tabu. Nicht empfehlenswert ist es auch, eigene berufliche Schwächen mit persönlichen Schwierigkeiten zu begründen. Aussagen wie: »Ich weiß, dass ich im Moment für das Team wenig Zeit habe. Seit ich mich privat getrennt haben, geht bei mir alles drunter und drüber.« So etwas geht gar nicht! Damit werden Sie schnell in eine Schublade gesteckt, aus der Sie später nur schlecht wieder herauskommen.

## 5.4 Gehen Sie souverän mit Beschwerden um

In Zeiten des Personalmangels spielt die Mitarbeiterzufriedenheit eine immer größere Rolle und ist ein entscheidender Faktor für die wirtschaftliche Tragfähigkeit von Einrichtungen und damit letztlich für die Sicherung von Arbeitsplätzen werden. Als Führungskraft Ihre Mitarbeiter*innen individuell zu leiten und im Arbeitsprozess zu begleiten ist eine Herausforderung. Bei Beschwerden souverän zu agieren und sich trotzdem nicht erpressen zu lassen, ist ein echter Balanceakt. Einige interessante Zahlen aus dem Beschwerdemanagement von Firmen[7]:

- Neue Kunden zu gewinnen ist um ein Vielfaches teurer als vorhandene zu behalten. Gilt das nicht auch für Ihre Mitarbeiter*innen?
- Fast 100 Prozent beträgt die Wahrscheinlichkeit, dass sehr zufriedene Kunden zu besten Werbeträgern des Unternehmens werden. Bei den Mitarbeiter*innen ist es sicher genauso.
- 75 Prozent der zu Wettbewerbern wechselnden Kunden stören sich an mangelnder Servicequalität. Übertragen Sie das auf Ihre Mitarbeiter*innen und fragen Sie sich, was Ihre Mitarbeiter*innen an »Service« verlangen.

---

[7] https://www.hwk-stuttgart.de/artikel/beschwerdemanagement-so-gelingt-der-umgang-mit-dem-kunden-67,387,1617.html

- 80 Prozent der verärgerten Kunden bleiben dem Unternehmen treu, wenn ihr Problem zeitnah gelöst wird. Auch bei dieser Zahl bin ich überzeugt, dass Sie sie 1:1 auf Ihre Mitarbeiterführung übertragen können. Lösen Führungskräfte zügig die Probleme und Beschwerden Ihrer Mitarbeiter*innen bleiben sie im Unternehmen.

***Fazit*** **Eine wichtige Erkenntnis**

Nicht jeder Wunsch von Seiten der Mitarbeiter*innen muss erfüllt werden. Auf jeden Fall jedoch muss jeder Wunsch bzw. jede Beschwerde ernst genommen und entsprechend behandelt werden.



Beschwerden sind höchst sensible Situationen, denn hier menschelt es gewaltig. Es ist bereits etwas Negatives für den Beschwerdeführer passiert und er wird daher ganz genau beobachten, registrieren, ja, vor allem fühlen, wie mit ihm und seinem Anliegen umgegangen wird. Zu einem großen Teil sind hier Emotionen mit im Spiel. Der Mitarbeiter ist in erster Linie zornig, wütend oder enttäuscht. Nun ist es im Sinne eines professionellen Beschwerdemanagements ganz wichtig, dass Sie als seine Führungskraft sich nicht von diesen Emotionen anstecken lassen. Es ist Ihre erste Priorität, Ihr Gegenüber dort abzuholen, wo es sich gefühlsmäßig befindet. Die sachliche Klärung der Beschwerde hat demgegenüber untergeordnete Priorität und kann im Anschluss erfolgen.

Die vier Schritte eines professionellen Beschwerdemanagements in der Übersicht:

1. Beschwerdeannahme
   - Emotionen sachlich auffangen
   - freundlich und zuvorkommend agieren
   - Leitlinien des aktiven Zuhörens beachten
   - schriftliches Formular als Hilfe nutzen
2. Beschwerdebearbeitung
   - eigenen Blickwinkel verändern
   - Chance, keine Belastung
   - sachlich und fair
   - Hintergrundinformationen sammeln
3. Beschwerdereaktion
   - so zeitnah wie möglich
   - gewünschte Problemlösung herausfinden
4. Beschwerdeanalyse
   - Tagesordnungspunkt bei Besprechungen
   - gesamtunternehmerisch analysieren

Denken Sie bei der Beschwerdeannahme immer daran: Egal, wie unwichtig oder ungerechtfertigt Ihnen die Beschwerde beim ersten Hören auch erscheinen mag – für Ihren Mitarbeiter ist sie jetzt gerade sehr wichtig! Führen Sie sich daher immer wieder vor Augen: Die tatsächliche Aufklärung der Beschwerde steht nun erst an zweiter Stelle. Zuerst liegt es bei Ihnen, die Emotionen Ihres Gegenübers aufzufangen. Reagieren Sie bei der Beschwerdeannahme daher immer freundlich, sachlich, höflich und zuvorkommend und beachten Sie die Leitlinien des aktiven Zuhörens. Folgende Antworten sind in dieser Situation ein No-Go: »Das weiß ich nicht« – »Das war mein Vorgesetzter« – »Damit kenne ich mich hier nicht aus« – »Ich habe keine Zeit«. Folgende Antwortmöglichkeiten dagegen sind positiv besetzt und geben Ihrem Gegenüber das Gefühl, dass er ernst genommen wird: »Ich kümmere mich« – »Ich erkundige mich«.

**Tipp**

Eine schriftliche Darstellung der Beschwerde wirkt Wunder. Geben Sie Ihrem Mitarbeiter ein schriftliches Formular, auf dem er seine Beschwerde formulieren soll. Er ist dadurch aufgefordert, sich in Ruhe mit seinem Anliegen auseinanderzusetzen und es zu Papier zu bringen. Dies hilft in der Praxis oft schon etwas, die angestauten Emotionen sachlicher zu bündeln.

Das schriftliche Formular sollte folgende Punkte enthalten: Name des Beschwerdeführers, eine Schilderung seines Anliegens und eine Angabe zur gewünschten Problemlösung. Sind Sie als Führungskraft selbst mit einer **Beschwerdebearbeitung** konfrontiert, halten Sie sich immer wieder vor Augen: Beschwerden sind eine Chance, keine zusätzliche Belastung. Versuchen Sie, nicht emotional zu reagieren, sondern sachlich und fair. Am besten halten Sie dazu immer Rücksprache mit allen am Vorfall Beteiligten, um sich aus so vielen Quellen wie möglich zu informieren. Jeder Mensch nimmt anders wahr, beurteilt und bewertet Situationen unterschiedlich. Nur wenn Sie sich so viel Input wie möglich holen, ergibt sich am Ende ein differenziertes Gesamtbild, anhand dessen Sie fundiert urteilen können.

Die **Beschwerdereaktion** sollte so schnell wie möglich erfolgen. Denken Sie dabei an die eingangs vorgestellten Zahlen: innerhalb von vier Tagen ist ideal. Für gewöhnlich haben Ihre Mitarbeiter*innen wenig Einblick in die internen Prozesse auf der Führungsebene. Welche Schritte nun vielleicht intern eingeleitet werden müssen, ist von außen nicht ersichtlich. Sie können nur das wahrnehmen, was ihnen im direkten Kontakt präsentiert wird – und das hat entscheidende Auswirkungen auf die Zufriedenheit. Falls der Beschwerdeführer schon eine gewünschte Problemlösung angegeben hat, deren Erfüllung in Ihren Möglichkeiten liegt, ist das der günstigste Fall einer zufriedenstellenden Lösung. Wenn nicht, suchen Sie das direkte Gespräch, erklären Sie die Hintergründe des Vorfalls (Transparenz sorgt für Verständnis!) und versuchen Sie herauszuhören, welche abschließende Lösung sich Ihr Mitarbeiter wünschen würde.

Die **Beschwerdeanalyse** ist eine klare Aufgabe von Führungskräften. Die Auswertung ist anschließend immer ein Tagesordnungspunkt bei entsprechenden Leitungsbesprechungen, insbesondere um eine Wiederholung zu vermeiden und zu besprechen, welchen Schluss oder welches Verbesserungspotenzial daraus gezogen werden kann. Halten Sie dabei Augen und Ohren im Unternehmen offen: Kommen ähnliche Beschwerden vielleicht auch in anderen Bereichen vor? Dann haben Sie vielleicht eine unternehmensinterne Schwachstelle entdeckt, die es zu beheben gilt.



**Info**

Die drei Leitlinien des aktiven Zuhörens nach Carl Rogers*

1. empathische und offene Grundhaltung
2. authentisches und kongruentes Auftreten
3. Akzeptanz und positive Beachtung der anderen Person

* Vgl. Rogers C (1983): Therapeut und Klient. Fischer, Frankfurt

## 5.5 Richtig loben – Ihr erster Erfolgsgarant in der Mitarbeiterführung

Diese zwei aktuellen Aussagen zum Thema »Teamzusammenarbeit« möchte ich gern mit Ihnen teilen:

1. Die Art und Weise, wie Teammitglieder ihre interne Zusammenarbeit gestalten, ist mitentscheidend für krankheitsbedingte Ausfälle und Langzeiterkrankungen.
2. Gut die Hälfte der Beschäftigten empfindet Konflikte oder Spannungen bei der Arbeit als häufige bzw. schwerwiegende Belastung.

Mich haben diese beiden Erkenntnisse nicht erstaunt – Sie? Pflegekräfte zeichnen sich meist durch eine hohe Sozialkompetenz aus. Dennoch ist es auch ganz natürlich, dass es im Kollegenkreis hin und wieder zu Konflikten kommt. Ein Team setzt sich aus verschiedenen Persönlichkeiten, unterschiedlichen Berufsgruppen und Qualifikationen zusammen. Ein guter Zusammenhalt untereinander ist nichts Naturgegebenes, sondern muss immer ein Ziel sein, an dem alle beständig arbeiten. Betrachten Sie einmal Ihr eigenes Team: Würden Sie sagen, dass die Zusammenarbeit unter den Mitarbeiter*innen gut funktioniert? Ein Kriterium, woran Sie das festmachen können, ist z. B. das Ausmaß, in dem Ihre Mitarbeiter*innen sich gegenseitig unterstützen. Helfen sie sich, hören sie einander bei Problemen zu, begegnen sie sich mit Respekt und Anerkennung? Das wäre wunderbar. Oder haben Sie oft den Eindruck, dass es in Ihrer Mannschaft eher konfliktbehaftet zugeht? An folgenden Warnzeichen können Sie dies festmachen:

- Es wird mehr übereinander geredet als miteinander.
- Es gibt herablassende, bissige Bemerkungen.
- Nicht nachvollziehbare Kleinigkeiten führen häufig zur Eskalation.
- Kolleg*innen reden nicht miteinander und ziehen sich zurück.
- Es gibt viele Sticheleien und Intrigen.
- Im Kollegenkreis herrscht starke Abgrenzung statt gegenseitiger Unterstützung.
- Sie bemerken unechte Freundlichkeit, Unsicherheit, Angst.

### 5.5.1 Kommunizieren Sie offen

Ein entscheidender Faktor, um eine gute kollegiale Unterstützung und eine positive Teamarbeit zu fördern, ist eine offene Kommunikation. Offen und ehrlich Dinge anzusprechen, ist für viele eine große Herausforderung und gar nicht so einfach. Im Folgenden stelle ich Ihnen vor, wie Sie Ihre Mitarbeiter richtig loben – denn das will gelernt sein. Mit Hilfe von fünf Regeln zeige ich Ihnen, wie Sie das gut im Pflegealltag umsetzen können.

#### 1. Nur aufrichtiges Lob zählt

Ein Lob erzielt nur die gewünschte Wirkung, wenn der Anlass relevant ist. Loben Sie nicht routinemäßig, sondern nur dann, wenn ein Mitarbeiter sich tatsächlich besonders engagiert oder seine Leistung verbessert hat.

Beispiel: »Die Milieugestaltung im Zimmer von Herrn Schmidt hast du toll gemacht! Das hatten wir ja schon lange vor.«

#### 2. Loben Sie nicht halbherzig

Ein pauschales »Gut so!« oder »Prima!« lassen sich einfach verteilen, ist jedoch auch wenig wirksam. Loben Sie stattdessen gezielt die Leistung, die Ihnen besonders gefallen hat. Benennen Sie dabei genau, was Sie lobenswert finden.

Beispiel: »Besonders gut hat mir gefallen, dass du bei der Milieugestaltung auf seine Biografie Bezug genommen hast.«

### 3. Loben Sie nicht nur die Ergebnisse

Es ist kontraproduktiv, wenn immer nur die Mitarbeiter*innen Lob erhalten, deren Leistung herausragend oder offensichtlich ist. Vergessen Sie nicht die stillen Kolleg*innen, die z. B. »einfach« besonders gut im Team arbeiten. Der Grund? Wer nie Lob für seinen Einsatz erhält, ist mit der Zeit frustriert und wird unzufrieden.

Beispiel: »Ich wollte dir schon lange sagen, dass ich es super finde, dass du so oft einspringst. Damit unterstützt du unser Team echt klasse.«



### 4. Loben Sie kein Mittelmaß

Entscheiden Sie, wann Sie etwas lobenswert finden. Ein Lob soll Ihre Kolleg*innen zu voller Leistung anspornen. Vermeiden Sie es, Alltägliches und Selbstverständlichkeiten zu loben.

### 5. Verteilen Sie Lob gezielt

Zu häufiges Loben senkt die Wirksamkeit und sorgt für Gewöhnung. Achten Sie auf eine gesunde Dosis: Machen Sie Ihre Kolleg*innen nicht vom Lob abhängig.

Beispiel: Wenn die Milieugestaltung nach den individuellen Biografien der Pflegekunden von diesem Kollegen dann für alle Zimmer übernommen wird, ist nicht jedes Mal ein gezieltes Lob nötig.

## 5.6 Richtig kritisieren – Ihr zweiter Erfolgsgarant in der Mitarbeiterführung

Auch wenn es zuerst merkwürdig klingt: Mit einer sachlichen und wertschätzenden Kritik stärken Sie den Teamzusammenhalt unter Ihren Mitarbeiter*innen genauso wie mit Lob. In jeder Arbeit passieren Fehler und nur die wenigsten Menschen hören gern, dass etwas schiefgelaufen ist. Genauso ungern formuliert jeder von uns Kritik. Das ist für eine gute Teamzusammenarbeit aber unabdingbar und sollte von Ihnen als Führungskraft mit gutem Beispiel vorgegeben werden. Meiner Erfahrung nach ist es viel schlimmer, wenn die direkte Ansprache von Kritik vermieden wird, um sich gegenseitig nicht zu kränken. Denn dann wächst der stille Unmut immer mehr, bis es irgendwann zur Explosion kommt. Diese ist dann immer unsachlich, verletzend und damit das Falscheste, was Sie in einem Team machen sollten.

### 5.6.1 Ehrliches Feedback als große Herausforderung

Der Ursprung des Wortes »Feedback« stammt aus dem Englischen. »To feed« bedeutet »füttern«. Indem ich jemandem Feedback geben, will ich ihn füttern, will erreichen, dass er einen Mehrwert von meiner Rückmeldung hat. Das ist gar nicht so einfach. Sicher kennen Sie auch genügend Beispiele, bei denen eine Kritik Sie mehr getroffen hat und in Ihren Augen ungerechtfertigt war, als dass sie Ihnen geholfen hat. Kritik anzunehmen und zu formulieren ist eine große Herausforderung für beide Seiten. Aber richtig durchgeführt und verpackt, kann das Feedback für alle Beteiligten sehr wertvoll sein. Wichtig ist es, Kritik nicht planlos aus der Hüfte abzufeuern. Wenn Sie nur mit erhobenem Zeigefinger agieren und Ihre Mitarbeiter*innen primär wirklich nur kritisieren, sind die Folgen vorprogrammiert. Eine Kritik in ein echtes Feedback umzuwandeln, gelingt Ihnen, wenn Sie folgende fünf Regeln berücksichtigen.

#### 1. Der richtige Einstieg: Ehrlich währt am längsten

Bleiben Sie sich und Ihrer Persönlichkeit treu. Die Kritik, die Sie ausüben, sollte zu Ihnen passen. Ihre Mitarbeiter*innen kennen Sie genau: Wenn Sie normalerweise eher der aufbrausende Typ sind, bei einer negativen Kritik aber Ihren Ärger lange versteckt halten und Ihren Mitarbeiter dann ganz ruhig ansprechen, wird der eher erschrocken sein, weil die Situation für ihn nicht stimmig ist. Besser ist es dann, Ihrer temperamentvollen Art treu zu bleiben.

Ein Beispiel: »Oh Mann, das Zimmer vom Pflegekunden Herrn Mayer wurde heute Morgen ja schon wieder nicht aufgeräumt!«

#### 2. Der richtige Ort: Kritisieren Sie nicht zwischen Tür und Angel

Ein Lob wird verstärkt, wenn andere es mitbekommen. Bei einer kritischen Rückmeldung sieht es dagegen ganz anders aus. Gut ist es deshalb, wenn Sie einen gemeinsamen Termin zur Aussprache vereinbaren. Nehmen Sie sich die Zeit, zu erklären, was Sie geärgert hat, und geben Sie Ihrem Kollegen die Chance, die eigene Ansicht zu schildern.

Ein Beispiel: »Tina, heute hat mich ganz schön geärgert, dass Du die Kollegen die ganzen Medikamente allein verteilen lassen hast. Können wir morgen früh noch mal darüber reden?«

#### 3. Die richtige Art: Kritisieren Sie sachlich, eindeutig und wertschätzend

Eine gute Vorbereitung auf ein Kritik-Gespräch ist wichtig. Nur wenn Sie die Situation in Ruhe Revue passieren lassen, können Sie Ihre Emotionen klarer sortieren und so Ihrem Mitarbeiter gutes Feedback geben. Formulieren Sie abschließend auch immer Ihre Erwartungen. Vergegenwärtigen Sie sich vorher Ihr Ziel: Sie wollen Ihrem

Mitarbeiter mitteilen, dass Sie mit einem Verhalten oder einer Leistung unzufrieden sind und es sich in Zukunft anders wünschen. Formulieren Sie das sachlich.

Ein Beispiel: Eher als Angriff verstanden wird: »Du bist zu unserem ambulanten Pflegekunden immer so unfreundlich. Jedes Mal, wenn ich bei ihm bin, beschwert er sich über dich.« Besser ist: »Ich weiß, dass dieser Kunde schwierig ist. Trotzdem ist es für uns wichtig, dass wir uns professionell verhalten. Ich versuche, in solchen Situationen immer erst einmal tief durchzuatmen.«



### 4. Die richtige Ursachenforschung: Woran lag es?

Eine gute Teamarbeit heißt auch immer, sich gegenseitig zu tragen. Indem Sie im Gespräch genauer hinhören, was der Hintergrund für den Fehler war, erfahren Sie gegebenenfalls auch, wie Sie Ihrem Mitarbeiter helfen können. Versuchen Sie, im Gespräch die Gründe für den Fehler/das Fehlverhalten zu finden. Ist vielleicht allgemein die Arbeitsorganisation ein Problem? Oder die persönliche Qualifikation? Oder gar aktuelle persönliche Belastungssituationen des Kollegen?

Ein Beispiel: »Mensch Kathrin, du bist diese Woche schon zum 4. Mal zu spät zum Dienst erschienen. Was ist denn los?«

### 5. Der richtige Abschluss: Wiederholen Sie Ihre Kritik, statt zu argumentieren

Tritt derselbe Fehler häufiger auf, ist es nötig, gezielt dranzubleiben. Manchmal ist es nötig, die eigene Kernaussage zwei-, dreimal zu wiederholen, bis Ihr Gegenüber merkt, dass es Ihnen ernst ist. Bitten Sie den Mitarbeiter erneut zum Gespräch und machen Sie weitere Konsequenzen transparent. Stoßen Sie auf Sturheit oder haben Sie den Eindruck, dass sich Ihr Mitarbeiter herausreden will, wiederholen Sie freundlich, aber bestimmt Ihre Aussage und lassen Sie sich in keine Diskussion mehr verstricken.

Ein Beispiel: »Ich möchte nicht, dass du Frau Schmidt noch einmal so grob anfasst.«

## 5.7 Aus Fehlern lernen – so gelingt es im Team

Hand aufs Herz: Wann ist Ihnen im Arbeitsalltag zuletzt ein Fehler passiert? Wenn wir ehrlich sind, gibt es kaum einen Tag, an dem alles perfekt und nach Lehrbuch verläuft, oder? Das fängt bei kleineren Dokumentationsfehlern an und kann bis zu schwerwiegenden Pflegefehlern reichen, z. B. der Verabreichung falscher Medikamente. Der Grund ist relativ simpel: Menschen machen Fehler. Das ist so und wird sich auch nie ganz verhindern lassen.

Wenn Teams diese erste Einsicht akzeptieren, ist der Aufbau einer Fehlerkultur einfacher. Von einer solchen kann ein Team – oder auch das ganze Unternehmen – nur profitieren, denn Fehler können wertvolle Hinweise darauf liefern, was es im Arbeitsalltag zu verbessern gilt. Betrachten wir das Beispiel mit den falsch verabreichten Medikamenten: Wenn es eine gute Fehlerkultur gibt, kann man danach zusammen analysieren:

- Warum ist es passiert?
- Was können wir an den Ursachen ändern? Müssen beispielsweise Abläufe angepasst werden?

Die Herausforderung liegt für Sie darin, in Ihrem Team eine offene Atmosphäre zu schaffen, in der jeder Mitarbeiter offen und ehrlich Fehler kommuniziert. Das ist nicht einfach.

*Wichtig* **Keinen Sündenbock suchen**

Eine Untersuchung des Beratungsunternehmens Rundstedt* aus dem Jahr 2016 spiegelt wieder, welche Haltung zu Fehlern in deutschen Unternehmen leider immer noch dominiert: Demnach hat jeder fünfte Beschäftigte Angst, einen Fehler zuzugeben, weil er Sanktionen fürchtet. 62 Prozent der Befragten gaben an, dass ihr Vorgesetzter eigene Fehler nicht offen eingesteht.

* Hockling S (2016): Vorwürfe lösen das Problem nicht. ZEIT vom 29. 08. 2016

Beides sind falsche Ansätze. Mit Unverständnis und Vorwürfen auf Fehler zu reagieren, ist hinderlich, wenn eine offene und lebendige Fehlerkultur in einem Team entstehen soll. Wie kann es Ihnen und Ihrem Team gelingen, mit Fehlern richtig umzugehen?

### 1. Sorgen Sie für Fehlerakzeptanz

Menschen machen Fehler und auch bei größter Sorgfalt lassen diese sich nicht immer vermeiden. Deshalb sollten Sie einen konstruktiven Umgang mit Fehlern anstreben und die Fehlerakzeptanz als Grundwert in Ihrem Team etablieren. Das gelingt, wenn Sie das Thema beispielsweise einmal in den Mittelpunkt eines Teamtages stellen.

### 2. Vermeiden Sie Schuldzuweisungen

Vorwürfe und Schuldzuweisungen lösen kein Problem. Wichtig ist eine sachliche und nüchterne Analyse des Fehlers, die niemanden bloßstellt. Eine analytische Herangehensweise erleichtert es den Mitarbeiter*innen auch, die Fehler anderer anzusprechen.

### 3. Garantieren Sie Sanktionsfreiheit

Sanktionen verhindern, dass Fehler offen angesprochen oder gemeldet werden. Meist werden sie dann vertuscht oder es werden andere Schuldige gesucht, wenn Mitarbeiter*innen Angst vor Gesichtsverlust oder Strafe haben. Garantieren Sie, soweit es Ihnen möglich ist, Sanktionsfreiheit. Bei grob fahrlässig verschuldeten Fehlern müssen Sie natürlich handeln.

### 4. Leben Sie Ihre Vorbildfunktion

Eine offene, sanktionsfreie Fehlerkultur sollte von allen Mitarbeiter*innen bis hinauf zur Geschäftsführung überzeugend gelebt werden. Auch Führungskräfte sollten ihre Fehler kommunizieren. Nur dann steigt das Vertrauen der übrigen Kolleg*innen.



### 5. Arbeiten Sie an einem Bewusstseinswandel

Eine effektive Fehlerkultur erfordert einen Bewusstseinswandel im ganzen Team. Alle Beteiligten sollten verstehen, dass es sich bei Fehlern nicht um einen peinlichen Beleg ihrer persönlichen Unzulänglichkeit handelt, sondern dass aus Fehlern gelernt werden kann (und muss!).

## 5.8 Sind Sie Wolf oder Giraffe? – Die zielführendste Art der Kommunikation

Kürzlich erlebte ich das Beispiel einer ganz unglücklichen Kommunikation zwischen einer Führungskraft und ihrem Mitarbeiter in einer stationären Einrichtung. Ich schildere es Ihnen hier ausführlich, weil ich später in der Tabelle (▶ Tab. 8) auch darauf Bezug nehme: Der Mitarbeiter Steffen sollte vormittags unbedingt die Pflegekundin Frau Winter zur quartalsweise stattfindenden Visite des Neurologen begleiten. Steffen wurde von seiner Bereichsleitung Sabine über diesen Termin und das entsprechende Zeitfenster informiert. Nun war der Neurologe vor Ort – aber Frau Winter nicht. Während die Bereichsleitung, die die Visite begleitete, schnell improvisierte und einen anderen Pflegekunden vorzog, machte sich eine Kollegin in ihrem Auftrag auf die Suche nach Frau Winter.

Letztendlich war die Suche ohne Erfolg, sodass der wichtige Visitentermin ungenutzt verstrich. Später liefen Steffen und Frau Winter gemütlich am Stationszimmer vorbei. Die Bereichsleitung sprach sofort beide an und überschüttete sie mit Vorwürfen: »Wo wart ihr denn? Ich hatte dich, Steffen, doch ausdrücklich über den Termin informiert! Jetzt ist der Arzt weg und wir konnten die wichtige Medikamenteneinstellung von Frau Winter wieder nicht klären!« Darauf ging Steffen auch sofort emotional an die Decke und erwiderte: »Wir waren nur mal kurz spazieren! Ihr hättet uns doch suchen können! Ist das auch schon zu viel verlangt? Wenn ich mit unseren Pflegekunden nicht regelmäßig ein paar Schritte gehe, macht es ja hier keiner!« Beiden merkte man bei dieser Kommunikation an, dass hier noch viel mehr an gegenseitigen Vorwürfen im Hintergrund mitschwang.

### 5.8.1 Wolf versus Giraffe

Glauben Sie, dass Sabine und Steffen am Schluss auf ein gutes gemeinsames Ergebnis kamen? Eher nicht. Vielmehr wird das gegenseitige Vertrauen wohl noch schlechter und zukünftige Konfliktlösungen damit noch schwerer werden. Der Grund? Beide kommunizierten weder wertschätzend noch einfühlsam. Beide bedienten sich einer lebensentfremdenden Kommunikation, der sog. »Wolfssprache«, sagt Marshall Rosenberg in seiner Theorie der Gewaltfreien Kommunikation. Die Wolfssprache blockiert Verbindungen zu anderen Menschen und man wird es nie schaffen, eine wertschätzende Beziehung aufzubauen. Der Gegenpart zur lebensentfremdenden Kommunikation ist in dieser Theorie die Gewaltfreie Kommunikation die »Giraffensprache«. Wenn man diese in der Kommunikation verwendet, kann man Vertrauen aufbauen, zeigt seine Wertschätzung für sein Gegenüber und kann besser miteinander kooperieren. Der Unterschied zwischen beiden Sprachen macht Ihnen die folgende Übersicht (▶ Tab. 8) deutlich. Hier habe ich das Beispiel von Sabine und Steffen aufgegriffen und weiter ausgeführt.

**Tab. 8: Beispiel einer Kommunikation nach dem Modell von Marshall Rosenberg**

| Phase | Lebensentfremdende Kommunikation (»Wolf«) | Gewaltfreie Kommunikation (»Giraffe«) |
|---|---|---|
| Beobachtung | Beobachtung und Bewertung werden vermischt.<br><br>»Du bist einfach mit Frau Winter spazieren gegangen. Dir ist meine Arbeit hier völlig egal.« | Es wird eine konkrete Handlung geschildert, die beobachtet wird und die das eigene Wohlbefinden beeinträchtigt.<br><br>»Du warst mit Frau Winter nicht auffindbar, als der Neurologe da war. Nun können wir die längst fällige Medikamenteneinstellung für die Pflegekundin nicht klären.« |
| Gefühl | Die eigene Interpretation wird als Gefühl geäußert, häufig in Form von Schuldzuweisungen, Vorwürfen, Pauschalisierungen.<br><br>»Ich habe anderes zu tun, als dich überall auf dem Gelände zu suchen. Ich fühle mich provoziert, dir sind unsere Abläufe und Termine total egal.« | Die Gefühle werden mit dem in Verbindung gebracht, was man beobachtet.<br><br>»Ich bin frustriert, dass wir jetzt kein Ergebnis der Visite haben.« |

| | | |
|---|---|---|
| Bedürfnis | Das Bedürfnis wird nicht klar geäußert. Stattdessen wird der andere verurteilt.<br><br>»Du bist einfach nur rücksichtslos.« | Bedürfnisse, aus denen Gefühle entstehen, werden betrachtet und mitgeteilt.<br><br>»Für die Gesundheit von Frau Winter wäre eine Überprüfung der Medikamente notwendig gewesen. Das ist auch für eine korrekte Arbeit von mir als Bereichsleitung wichtig.« |
| Bitte | Es wird eine Forderung gestellt. Bei Nichtbeachtung drohen Sanktionen.<br><br>»Wenn du noch einmal so eine Aktion bringst, werde ich das an unsere PDL weiterleiten. Dann wird es ein Gespräch geben.« | Es wird um eine konkrete Handlung gebeten.<br><br>»Kannst Du mit Frau Winter selbst zum Neurologen in die Praxis fahren? Der Abgleich der Medikamente ist wichtig und die nächste Visite bei uns ist erst wieder in 3 Monaten. Ich gebe dir dafür alle Unterlagen mit und schreibe aus pflegefachlicher Sicht auch noch ein paar Zeilen für den Arzt.« |



Werden Sie eine Giraffe! Konflikte kommen sowohl im beruflichen, als auch im privaten Alltag immer wieder vor. Wichtig ist, dass Sie für sich entscheiden, wie Sie diese am besten lösen wollen. Gerade in der Kommunikation mit Ihren Mitarbeiter*innen ist das von entscheidender Bedeutung. Wenn Sie sich auf die Wolfssprache zurückziehen, werden sich die Fronten immer weiter verhärten und es wird keine zufriedenstellende Lösung für alle geben. Versuchen Sie es mit der Giraffensprache. Mit ein wenig Übung wird Ihnen diese im Laufe der Zeit immer leichter fallen und die positiven Ergebnisse werden Sie begeistern.

## 5.9 Weg vom Kritikerpfad, rauf auf den Erfolgsweg

Bei einer Teamsitzung in einem ambulanten Dienst erlebte ich Folgendes: Ein wichtiges Thema war die Stärkung des Teamzusammenhaltes. Der hatte nämlich aufgrund einiger Vorkommnisse in den letzten beiden Monaten ziemlich gelitten. Nun wollte das Team neue Ideen für eine künftige bessere Zusammenarbeit entwickeln. Aber dazu kam es erst gar nicht. Gleich der erste Mitarbeiter machte deutlich, dass die verfahrene Situation ja bestimmt nicht an ihm liege. Der Nächste nörgelte, dass man ja in der Vergangenheit schon so viel probiert hätte, aber es käme eh nie etwas dabei heraus. Und wieder andere hatten innerlich abgeschaltet und trugen wenig zur Diskussion bei. Alles in allem war es eine vergeudete Stunde. Haben Sie ähnliche Situationen in Ihrem Team auch schon einmal erlebt? Was ist der Grund für solche unproduktiven Runden? Der ist nicht schwer zu finden, würde die amerikanische Autorin Marilee Adams sagen. Das ganze Team befand sich nämlich auf dem Kritikerpfad. Ist man dort unterwegs ist, so Adams in ihrem Buch »Question Thinking – die Kunst, die richtigen Fragen zu stellen«[8], dann ist man weit davon entfernt, sinnvolle Lösungen zu finden. Das liegt daran, dass jeder im Stadium des Nörgelns und Kritisierens die falschen Fragen stellt. Aus fehlerhaften Fragen resultieren jedoch falsche oder gar keine Antworten. Und wer keine Antworten findet, kommt zu keinem sinnvollen Ergebnis. Es gibt aber sehr wohl falschen Fragen, nämlich solche, die uns nicht weiterbringen und uns im Tal der Tränen, also auf dem Kritikerpfad verharren lassen:

- Wer ist schuld?
- Warum sind meine Kollegen so doof?
- Haben wir das alles nicht schon einmal versucht?
- Wozu das eigentlich alles?

Wie fühlen Sie sich, wenn Sie mit solchen Fragen ein Problem im Arbeitsalltag lösen wollen? Irgendwie negativ gestimmt und hilflos? Wie ein Opfer der schlimmen Umstände oder schon gar selbst wie ein Versager. So kommen Sie mit Ihrem Team sicher zu keiner befriedigenden Lösung. Beobachten Sie sich und Ihre Mitarbeiter*innen beim nächsten Problem einmal: Stecken Sie alle im Kritikersumpf fest? Dann wird es höchste Zeit, umzuschalten und auf den Erfolgspfad zu wechseln, indem Sie Ihre Fragen ändern. Statt über die eigene oder die Dummheit der anderen zu jammern, bringt es Sie viel weiter, wenn Sie sich die folgenden neun Fragen stellen:

1. Was schätze ich an den anderen?
2. Was schätze ich an mir?
3. Was sind die Fakten?
4. Was will ich?
5. Was sind meine Optionen?
6. Wie gehe ich am besten vor?
7. Was denken, fühlen und wollen die anderen?
8. Was ist alles möglich?
9. Mit welcher Lösung kann jeder leben?

Ist es wirklich so einfach, wie die Marilee Adams es beschreibt? Mithilfe einer simplen Fragetechnik plötzlich bessere Lösungen zu finden und selbst zufriedener zu werden? Ich konnte es mir nicht so recht vorstellen, deshalb testete ich das Konzept in der Praxis. Ich nutzte dazu das Beispiel, das ich Ihnen anfangs beschrieben habe. Die Teamsitzung des ambulanten Dienstes im April endete damit, dass keine Lösung für eine bessere Zusammenarbeit gefunden wurde. Alle Mitarbeiter*innen waren entsprechend gefrustet.

---

[8] Adams M (2019): Die Kunst, die richtigen Fragen zu stellen. Dtv, München

So konnte die Situation natürlich nicht bleiben. Deshalb wurde für Mai nochmals eine Teamsitzung mit demselben Schwerpunkt einberufen. Eine Kollegin hatte dabei die tolle Idee einer kurzen wöchentlichen Feedbackrunde. Dadurch würden sich Missverständnisse nicht mehr so anhäufen und alle könnten in lockerer Atmosphäre Rücksprache halten. »Leute, dafür haben wir doch gar keine Zeit. Unmöglich, so eine Runde auch noch in den Arbeitsalltag einzubauen«, entgegnete ein Mitarbeiter. Normalerweise wäre hier jetzt Ende der Diskussion gewesen, Idee abgewürgt. Plötzlich fragte aber jemand: »Wie kann es uns gelingen, so eine Runde zu etablieren?« Es dauerte ein paar Sekunden, aber dann kamen von allen Seiten die Vorschläge. Hieran habe ich gesehen, dass das Verlassen des Kritikerpfads viel bringt. Schlagen Sie bei Ihrem nächsten Problem im Team doch auch einmal den Weg zum Erfolgspfad mittels der veränderten Fragetechnik ein. Das Ergebnis wird Sie begeistern.



**Tab. 9: Kritiker vs. Lernende nach dem Konzept von M. Adams**

| Kritiker ... | Lernende ... |
|---|---|
| • haben oft Vorurteile.<br>• geben sich oder anderen die Schuld.<br>• glauben nicht an Erfolg. | • denken lösungsorientiert.<br>• sind offen für Beiträge von anderen.<br>• wollen neue Wege entdecken. |

## 5.10 Whistleblower?!

Ein Auszug aus dem Arbeitsvertrag der Pflegekraft Anja: »§ 14 – Die Pflegekraft ist verpflichtet, über die ihr im Rahmen ihrer Pflegetätigkeit bekannt gewordenen Interna und alle sonstigen Vorkommnisse Stillschweigen zu bewahren. Dokumentationsunterlagen dürfen nicht an Dritte weitergegeben werden, über deren Inhalte ist Stillschweigen zu bewahren.« Viele Mitarbeiter*innen in der Pflege müssen in ihren Arbeitsverträgen wie Anja unterschreiben, dass sie »Stillschweigen« bewahren. Ist das in Ihrem Unternehmen ebenfalls Standard? Haben Sie sich auch schon einmal die Frage gestellt, ob Sie sich im äußersten Fall daran gebunden fühlen sollen? Nämlich dann, wenn die Gesundheit Ihrer Mitarbeiter*innen oder Pflegekunden betroffen ist und Ihr Arbeitgeber nichts unternehmen will? Der Begriff »Whistleblower« stammt aus dem Englischen (to blow the whistle – auffliegen lassen, stoppen, verpfeifen) und meint eine Person, die wichtige Informationen aus einem geheimen oder geschützten Zusammenhang an die Öffentlichkeit bringt. Dazu gehören Missstände, Verbrechen oder allgemeine Gefahren, von denen der Whistleblower z. B. an seinem Arbeitsplatz erfährt. Der bekannteste Fall in der Altenpflege: 2007 zeigte die Altenpflegerin Brigitte Heinisch ihren Arbeitgeber wegen unzureichender Pflege- und Betreuungsleistungen an. Sie wurde daraufhin fristlos gekündigt. Die Kündigung wurde von deutschen

Arbeitsgerichten zuerst bestätigt. Der Europäische Gerichtshof für Menschenrechte entschied schließlich 2011, dass diese Kündigung unrechtmäßig war. Erst 2012 bekam Brigitte Heinisch schließlich eine angemessene Entschädigung.

Wie würden Sie sich in einem solchen Fall verhalten? Auf den ersten Blick erschrecken einen die Konsequenzen ganz schön. Fast fünf Jahre Gerichtsprozesse, ein »verbrannter« Name in der Branche – wer will eine solche Tortur freiwillig auf sich nehmen? Aber was, wenn einen das eigene Gewissen dazu zwingt? Wenn man gravierende Missstände intern schon oft angesprochen hat und sich nichts ändert? Bevor es so weit kommt, dass ein Mitarbeiter oder Sie sich überlegen, Ihren Arbeitgeber anzuzeigen oder Missstände an die Öffentlichkeit zu bringen, sind erst einmal Sie selbst gefragt. Sie sind Bestandteil Ihrer Unternehmenskultur. Immer gleich »zu petzen« oder mit einer Anzeige zu drohen, ist nicht die beste Lösung. Gehen Sie zuerst davon aus, dass all Ihre Mitarbeiter*innen bis hin zur Geschäftsführung das Beste für Ihre Pflegekunden und das Unternehmen wollen. Bevor Sie einem Mitarbeiter raten oder selbst überlegen, zum Whistleblower werden, beantworten Sie folgende Fragen:

1. Kam der Missstand mehr als einmal vor?
2. Welchen Lösungsversuch haben Sie selbst unternommen und wie war das Ergebnis?
3. Haben Sie den ganzen Vorgang unmittelbar dokumentiert und Ihrem verantwortlichen Vorgesetzten weitergegeben?
4. Hat dieser Ihnen in einer angemessenen Frist Feedback gegeben?
5. Sind Sie mit der gefundenen Lösung einverstanden?
6. Wenn nein: Ist Ihr Vorgesetzter offen für eine weitere Rücksprache zum Thema?
7. Wenn nein: Haben Sie sich an einen weiteren Vorgesetzten gewandt?
8. Haben Sie Ihren Vorgesetzten selbst weitere Lösungsvorschläge angeboten?
9. Haben Sie alles schriftlich dokumentiert?
10. Haben Sie, in letzter interner Konsequenz, den ganzen Vorgang von der ersten Beobachtung bis zum letzten Versuch der Lösungsfindung mit Ihren Vorgesetzten an Ihre Geschäftsführung und Ihren Träger weitergeleitet?
11. Wurde daraufhin angemessen reagiert?
12. Oder haben Sie eher das Gefühl, jetzt der »Nestbeschmutzer« zu sein?
13. Haben Sie schon negative Konsequenzen an Ihrem Arbeitsplatz erfahren, die direkt mit der Aufdeckung des Missstandes zusammenhängen?

Wenn Sie die ersten 11 Fragen bearbeitet haben und Frage 12 und 13 mit »Ja« beantworten können, ist es Zeit, sich auch an externe Stellen zu wenden.

# 6 Bewahren Sie Ruhe – auch in stressigen Zeiten

Haben Sie im Laufe Ihres Lebens auch schon Menschen getroffen, die irgendwie »tief« sind, innere Ruhe, Freiheit und seelischen Reichtum ausstrahlen? Die sich scheinbar durch nichts aus der Ruhe bringen lassen? Und haben Sie sich auch schon einmal gefragt, ob es einen Weg zu solch innerer Souveränität und Stärke gibt? Quasi ein »Patentrezept«? Es wäre toll, ein solches zu kennen – zum einen für sich selbst, zum anderen für die Führung der eigenen Mitarbeiter*innen. Zu oft herrscht in den Pflegeteams noch ein Zustand der Daueraufgeregtheit: »Was will der Pflegekunde schon wieder von uns?« – »Hilfe, der Angehörige stresst!« – »Ein Kollege hat sich krankgemeldet und ich muss schon wieder einspringen!« – »Mein Vorgesetzter drängelt und will mehr Leistung von mir sehen!« All diesen Stressoren gilt es zu entkommen und das trotz Personalmangel und vielfältigen Erwartungen und Anforderungen an den Beruf. Nur so können Leitungskräfte dem eigenen Burn-Out und auch dem ihrer Mitarbeiter*innen vorbeugen.

## 6.1 Werden Sie revolutionär: Tiefe braucht Mut

»Wow, unsere Führungskraft bleibt auch bei dem größten Stress ruhig. Sie legt während ihrer Arbeit ihr Handy zur Seite und ist ganz bei uns und unseren Pflegekunden.« Solche Aussagen von Mitarbeiter*innen über ihre Führungskräfte hört man im Alltag leider viel zu selten. Aber gerade hier sollten Sie Vorbild sein. Als Führungskraft nicht auf den Stress-Zug aufspringen, sondern stattdessen ruhig und gelassen bleiben, Probleme, die eine rasche Lösung benötigen, gelassen angehen und immer wieder dem Team vermitteln, dass es auch noch andere, tiefere Themen gibt – das ist eine echte Herausforderung. Der Lohn der Mühe aber ermutigt: Mit mehr Tiefe gelingt es Ihnen besser, Ihre vielfältigen Anforderungen qualitativ hochwertig zu meistern und vor allem dabei bei sich selbst zu bleiben.

Heutzutage beherrscht uns größtenteils die tägliche Informationsflut. Überlegen Sie einmal, wie oft Sie am Tag mit Ihrem Smartphone beschäftigt sind. Schnell die neuesten Nachrichten checken? Sich in der WhatsApp-Gruppe mit den Kollegen austauschen? Alle eigenen Social-Media-Accounts wie Facebook, Instagram und Twitter pflegen? Das alles stresst wahnsinnig. Wir sind alle immer mehr in einer Art Daueralarmbereitschaft gefangen: Dauernd und ständig erreichbar sein zu müssen, weil sonst die eigene Angst übermächtig wird. Angst, ohne das Handy »draußen« zu sein. Kontakte zu verlieren, im Beruf nicht mehr mitzukommen, sich nicht mehr mit anderen vergleichen zu können. Psychologen wie Karl-Herbert Mandel[9] sehen das als Verarmung der Seele, denn diese hofft sehnsüchtig, dass wir Inhalten finden, die für uns einen dauerhaften Wert haben. Um sich in Ruhe auf Themen einzulassen und die Tiefe hinter den Fassaden der Oberflächigkeit zu suchen, braucht es wirklich Mut. Deshalb habe ich Ihnen einige Strategien zusammengestellt, die Ihre innere Kraft und die Ihrer Mitarbeiter*innen stärken.

### 6.1.1 Ein kleiner Moment der Dankbarkeit jeden Tag

Überlegen Sie für den Anfang jeden Tag kurz: Wie viele Gegenstände erleichtern Ihnen eigentlich Ihr tägliches Leben? Und welche Produktionsketten stehen hinter jedem Einzelnen davon? Denken Sie z. B. an die gut gefüllten Regale im Supermarkt. Ist es nicht toll, dass wir alle nur in einen einzigen Laden fahren müssen und dort alles bekommen? Wie viel schwerer wäre es, alles einzeln zu besorgen? Und wer erleichtert uns dieses Leben? Ausgepowerte Lastwagenfahrer, unterbezahlte Fließbandarbeiter. Seien Sie sich dessen bewusst und dankbar. Gerade die Corona-Pandemie hat uns allen noch einmal bewusst gemacht, wie arm wir dran sind, wenn z. B. Lieferketten nicht richtig funktionieren.

### 6.1.2 Erkämpfen Sie sich eine Insel

Eine kleine Insel in Form eines Rückzugsorts oder eines täglichen Rituals tut sehr gut. Als regelmäßige Rituale eignen sich ein Spaziergang, das bewusste, ruhige Kochen einer täglichen Mahlzeit oder auch feste Zeiten zum Lesen und Denken besonders gut. Überlegen Sie, was Ihnen guttun würde. Wichtig wäre es, dass Sie sich Ihre Insel zeitlich und räumlich getrennt von Ihrem Alltag einrichten könnten. Ich empfehle Ihnen zusätzlich, Ihre Rituale auch fest einzuplanen. Das garantiert zum einen eine gewisse Verbindlichkeit und erinnert Sie auch daran, Ihre Erholung nicht einfach ausfallen zu

[9] Grün A (2018): Einfach leben. Der Monatsbrief von Anselm Grün. März 2018

lassen, wenn vermeintlich wichtigere Dinge anstehen. So könnte beispielsweise ein fester Wochenplan aussehen:

- Montag, Mittwoch und Samstag: 18:00–19:00 Uhr Spaziergang
- Dienstag, Donnerstag und Sonntag: 15:00–17:00 Uhr Lesezeit

Springen Sie dann an einem Dienstag außerplanmäßig zum Spätdienst ein, bemerken Sie beim Blick auf Ihren Kalender: »Oh, in den Spätdienst fällt meine Lesezeit rein. Ich muss diese umplanen.« Und das machen Sie dann auch, zum Beispiel neu: Dienstag 09:00–11:00 Uhr Lesezeit. Dadurch stellen Sie sicher, dass Ihre erholsamen Rituale nicht zu kurz kommen. Als Rückzugsorte bieten sich der Wald oder auch Bibliotheken ganz wunderbar an. Schauen Sie, an welchen Plätzen Sie genügend Stille erfahren, damit Ihre Seele zur Ruhe kommen, und sich regenerieren kann.



### 6.1.3 Leben Sie Ihre innere Stille

Fern jeglicher Aktivität lernen Sie, Stille auszuhalten. Das ist für viele Menschen gar nicht so einfach. Üben können Sie das anhand der folgenden Tätigkeiten:

- Lesen Sie ein Gedicht oder einen schönen Text.
- Betrachten Sie ein Bild.
- Hören Sie Musik, die Ihnen zu Herzen geht.

Das Wichtige daran: Arbeiten Sie dabei nichts. Lassen Sie nur Ihre Gedanken schweifen. Einen schönen Text können Sie z. B. auch prima in Teamsitzungen mit Ihren Mitarbeiter*innen lesen. Eine Situation, die ich einmal in der Praxis erlebt habe und die mir richtig zu Herzen ging, möchte ich Ihnen hierzu kurz schildern: Der Medizinische Dienst der Krankenkassen war zur regulären Qualitätsprüfung in einer stationären Einrichtung der Langzeitpflege. Es lief alles wunderbar, die Ergebnisse waren prima – bis eine Prüferin entdeckte, dass bei einem Pflegekunden eine Wundversorgung ohne eine ärztliche Anordnung vorgenommen wurde! Im damaligen Bewertungssystem nach Noten hatte das zur Folge, dass die Einrichtung aufgrund dieses gravierenden Fehlers die Top-Note 1,0 verfehlte. Das hat der Bereichsleitung Heike keine Ruhe gelassen. Sie empfand dies als so unfair, haben doch ihre Mitarbeiter mit der Wundversorgung nur das Beste für den Pflegekunden im Sinn gehabt. Sie hat sich deshalb hingesetzt und ganz in Ruhe einen Brief an den MDK geschrieben. Hier hat sie auf 3 Seiten aufgeführt, warum sie vom Pflegeleitbild ihrer Einrichtung zutiefst überzeugt ist und bewusst genau dort arbeitet. Was Sie und Ihre Kollegen alles Gutes für die Pflegekunden tun und warum diese dort so gut versorgt sind, wie man es sich nur wünschen kann. Schnell zirkulierte der Brief im Anschluss auch unter allen Mitarbeitern der Einrichtung und wurde vor den nächsten Teamsitzungen von den anderen Bereichsleitungen ihren Teams vorgelesen. Nicht, weil ein Vorgesetzter das so angeordnet hat und nicht weil man sich damit selbst auf die Schulter klopfen wollte, sondern weil der Text einfach so schön war und aus tiefstem Herzen kam.

**Tipp**
Halten Sie als Führungskraft auch immer wieder Ausschau nach guten Texten oder schönen Bildern oder berührender Musik und nutzen Sie diese kulturellen Möglichkeiten für das Leben der inneren Stille, auch und gerade in unserem oftmals hektischen Berufsalltag.

## 6.2 Hätte, wäre, wenn…? Interessante Erkenntnisse aus der Palliativpflege

Eine provokante Frage: Sind Sie mit Ihrem Leben im Großen und Ganzen zufrieden? Oder bereuen Sie verpasste Chancen oder Gelegenheiten? Geht Ihnen dann oft »hätte, wäre, wenn« durch den Kopf? Haben Sie Mitarbeiter*innen im Team, bei denen Sie eine Unzufriedenheit in dieser Form erleben? In der Hektik des Alltags mit seinen ganzen Anforderungen kommen wir zu selten dazu, einmal wirklich nachzudenken. Ich kann Ihnen aber versprechen: Es lohnt sich. Besonders muss ich dabei immer an eine meiner ehemaligen Pflegekundinnen denken: Frau Schmidt war früher sehr aktiv und hatte schon in den 1960er Jahren für eine Frau außergewöhnlich selbstbestimmt gelebt. Sie reiste viel auf eigene Faust durch die Welt und sagte mir später, als sie schon bettlägerig war, oft: »Mädchen, füll dir deinen Kopf mit Erinnerungen, solange es geht. Wenn ich heute hier so liege und nicht schlafen kann, mache ich einfach die Augen zu und verreise an meine schönsten Orte. Was du dir gesammelt hast, kann dir keiner mehr nehmen.«

### 6.2.1 Was am Ende wirklich zählt

Die Australierin Bronnie Ware arbeitete acht Jahre lang als Palliativpflegerin und begleitete Sterbende. Über deren Rückblick auf ihr Leben schrieb sie anschließend ein Buch (»5 Dinge, die Sterbenden am meisten bereuen: Einsichten, die Ihr Leben verändern werden«)[10], das international ein Bestseller wurde. Sie schildert darin, dass es bei Menschen am Ende des Lebens kein Wenn und Aber mehr gibt und sie plötzlich

---

[10] Ware B (2015): 5 Dinge, die Sterbende am meisten bereuen. Goldmann. Penguin Random House, München

erkennen, worauf es im Leben wirklich ankommt. Wie schade, habe ich mir beim Lesen oft gedacht, wenn man sein Leben im Rückblick als falsch gelebt einschätzt. Denn jetzt bleibt keine Zeit mehr, etwas zu ändern. Aber wir alle können jetzt noch etwas ändern. Lassen Sie die folgenden Strategien einfach einmal in einer ruhigen Minute auf sich wirken und nutzen Sie an Ansatz in der Führung von dauerunzufriedenen Mitarbeitern.

### 1. Bleiben Sie sich treu

Das am häufigsten genannte Versäumnis im Leben, so Bronnie Ware, sei es, »nicht den Mut aufgebracht zu haben, sein Leben so zu leben, wie man es selbst möchte«[11]. So bedauerte eine ihrer palliativen Patientinnen, dass sie in einer unglücklichen Ehe ausgeharrt hatte. Ihr Plädoyer auf dem Sterbebett: Seien Sie mutiger und egoistischer. Sagen Sie öfter nein – und leben Sie nicht für andere. Abgesehen vom privaten Lebensbereich – macht Sie Ihr Job wirklich glücklich? Beim derzeitigen Personalmangel in der Pflege haben Sie als Führungskraft wirklich die freie Auswahl unter den Arbeitgebern. Nutzen Sie es, dass Sie am längeren Hebel sitzen, und suchen Sie sich den Arbeitgeber aus, bei dem für Sie am meisten passt und bei dem Sie die Inhalte Ihrer absolvierten Fort- oder Weiterbildung auch wirklich umsetzen können.

6

### 2. Widmen Sie Ihr Leben nicht der Arbeit, sondern dem Leben

Glauben Sie mir, es gibt wohl niemanden, der sich am Ende seines Lebens gewünscht hätte, mehr gearbeitet zu haben! Im Gegenteil: Fast alle Menschen, die Bronnie Ware begleitete, hatten das Gefühl, am Leben vorbeigeackert zu haben. Ändern Sie also Ihre Strategie, damit Sie zufrieden auf Ihre Leben zurückblicken können, wenn es einmal so weit ist: Machen Sie Ihr Glück nicht von Dingen abhängig, die vielleicht irgendwann eintreffen werden. Konzentrieren Sie sich auf den Moment und das, was Ihnen wichtig ist. In einem sozialen Beruf wie dem Ihren besteht die Gefahr, dass Sie sich verausgaben, die Schicksale Ihrer Pflegekunden oder Mitarbeiter*innen zu nah an sich heranlassen … Machen Sie sich davon frei und sehen Sie Ihren Beruf als Ihre Arbeit. Wenn Sie nach dem Dienst aus der Tür gehen, dann schalten Sie ab und lassen Sie alles Berufliche dort. Ein Ritual, mit dem Ihnen das leichter gelingt, besteht beispielsweise darin, sich die Eingangstür des Gebäudes in dem man arbeitet immer wieder bewusst wie eine Grenze vorzustellen.

- Vor dem Dienst denken Sie sich: »Ich überquere jetzt diese Grenze und lasse meine privaten Themen hinter mir. Ab sofort bin ich voll auf meine Arbeit fokussiert und hier zu 100 Prozent bewusst da.«
- Nach dem Dienst: »Ich überquere jetzt abermals die Grenze und bin damit wieder bei meinem privaten Ich. Alle Themen der Arbeit bleiben hinter der Grenze zurück und sind dort auch gut aufgehoben. Ich muss mir keine Sorgen machen und kann mich jetzt komplett auf meine privaten Belange konzentrieren.«

[11] Ebd., S. 61

### 3. Haben Sie den Mut, Ihre Gefühle auszudrücken

Wie würden Sie sich fühlen, wenn Sie am Ende feststellen müssen, dass Ihre eigene Familie Sie gar nicht wirklich kennt? Erstaunlich: Viele von Bronnie Wares Patient*innen beklagten diesen Zustand. Sie hatten ihre Gefühle nie wirklich geäußert, hatten Angst davor gehabt, verletzlich zu werden. Sie schwiegen, statt offen und ehrlich zu sein. Gerade in der Arbeit in einem guten Team – das ja auch einer Familie ähnlich ist – merkt man bald: Alle müssen offen miteinander kommunizieren. Nur so können Missverständnisse ausgeräumt und die gegenseitige Wertschätzung erhalten werden. Wenn ein Team sich gegenseitig trägt, fällt die Arbeit gar nicht mehr so schwer.

Als Führungskraft sind Sie Ihren Mitarbeitern ein Vorbild. Es liegt in Ihrer Verantwortung für eine offene Atmosphäre zu sorgen, in dem sich alle wohl- und angenommen fühlen und dadurch ja auch letztendlich die optimale Leistung erbringen können. Ein offenes Ohr für die Belange Ihre Mitarbeiter und die Aufmerksamkeit für gewisse Festtage, wie die Geburtstage oder das individuelle Betriebsjubiläum sollten Sie im Alltag ebenso leben, wie eine kommunikative Fehlerkultur. Fühlen sich Ihre Mitarbeiter als Menschen mit all ihren Stärken und Schwächen angenommen, stärkt das den Zusammenhalt untereinander.

### 4. Halten Sie den Kontakt zu Ihren Freunden

Eine gute Freundschaft erkennen Sie daran, dass Sie so akzeptiert werden, wie Sie sind, und umgekehrt auch den anderen nicht ändern wollen. Wichtig: Sie müssen sich in einer stabilen Freundschaft wohlfühlen und darauf vertrauen können, dass Ihnen Gutes zurückgegeben wird. Gehen Sie einmal all Ihre Bekannten und Freunde durch: Wer tut Ihnen wirklich gut? Sind darunter vielleicht auch Menschen, die Sie eigentlich nur belasten? Überlegen Sie gut, ob Sie eine solche Freundschaft aufrechterhalten wollen oder ob diese Ihnen letztlich nur die Energie raubt. Denken Sie immer daran: Freundschaften gilt es zu pflegen und auch an ihnen zu arbeiten. Das gelingt durch den offenen Austausch und in dem man im wahrsten Sinne des Wortes Freud und Leid miteinander teilt. Eine ausgewogene Balance zwischen Geben und Nehmen ist dabei wichtig. Merken Sie, dass eine Freundschaft sehr belastet? Sprechen Sie das offen an und geben Sie damit Ihrem Gegenüber auch die Chance, eventuelles Fehlverhalten zu erkennen und zu korrigieren. Es lohnt sich zu kämpfen – aber eben auch nur bis zu einem gewissen Punkt.

### 5. Gönnen Sie sich mehr Freude

Bronnie Ware hat festgestellt, dass viele Menschen erst am Ende ihres Lebens bemerken, dass man sich bewusst für Glück entscheiden kann. Sie empfiehlt deshalb: Wer sich selbst als Glückspilz wahrnimmt, lebt auch automatisch auf der Sonnenseite. Machen Sie sich bewusst: Es ist einfach, immer mehr vom Leben zu wollen. Sie werden aber nie alles bekommen. Deshalb ist es wichtig, dass Sie zu schätzen wissen, was Sie haben. Und auch wieder lernen, sich an den kleinen Dingen zu freuen.

Auch wenn z. B. das frühe Aufstehen vor der Frühschicht oft nervt – so wie Sie dabei manchmal den Sonnenaufgang sehen, sieht ihn sonst keiner. Ich weiß, dass solche Weisheiten beim ersten Lesen oft etwas abgedroschen klingen, aber es steckt doch viel Wahrheit dahinter. Entscheiden auch Sie sich bewusst für Glück und trainieren Sie das, indem Sie ein Glückstagebuch führen. In diesem notieren Sie für 2 Monate jeden Abend, was Sie an diesem Tag glücklich gemacht hat, was Ihnen ein gutes Gefühl gegeben hat. Beim Durchblättern nach den acht Wochen stellen Sie fest: Das ist gar nicht wenig! Ihr zusätzlicher Vorteil: Mit dieser kleinen Übung programmieren Sie Ihr Gehirn bewusst auf die schönen Dinge im Leben und werden diese nach und nach immer leichter erkennen und spüren.



## 6.3 So verkraften Sie Rückschläge und bleiben trotzdem gelassen

Kennen Sie auch Menschen, die immer die gute Laune in Person sind und wirken, als ob sie einen Schutzanzug tragen würden? Menschen, an denen scheinbar alle Probleme abprallen? – Wie machen die das nur? Eine einfache Weisheit steckt dahinter: Diese Menschen lassen sich von Misserfolgen und Rückschlägen nicht zu Boden drücken. So klingt einfach und ist doch im Alltag oft schwer umzusetzen.
Wenn das Kind gerade krank ist, Sie trotzdem noch auf der Arbeit einspringen sollen und die Heizung plötzlich nicht mehr funktioniert – Solche Katastrophentage, an denen sich scheinbar die Welt gegen einen verschworen hat, kennt wohl jeder von uns und es für Führungskräfte wichtig zu wissen, wenn Ihre Mitarbeiter*innen (oder Sie selbst) solche erleben. Aber es gibt einige Strategien, die Ihnen und Ihren Mitarbeiter*innen helfen können, um Rückschläge leichter zu verkraften und trotzdem heiter zu bleiben.

### 6.3.1 Setzen Sie auf die positiven Aspekte

Egal, wie unglücklich es gerade läuft, halten Sie sich vor Augen: Schlimmer geht immer. Setzen Sie deshalb auf die positiven Aspekte, statt sich in die negativen hineinzusteigern. Ja, eine Kollegin hat sich kurz vor Beginn des Frühdienstes krank gemeldet, und jetzt ist auf die Schnelle kein Ersatz zu finden. Das ist blöd. Aber es könnten jetzt auch noch zwei Pflegekunden gleichzeitig stürzen und ein Notfall mit Krankenhauseinweisung erfordern. Schön, wenn das eben nicht alles gleichzeitig passiert! Also weiter: Von insgesamt fünf Kolleg*innen sind immerhin vier zum Dienst erschienen – es sollte also gehen. Denken Sie dabei immer positiv und erinnern Sie sich an das, was alles gerade funktioniert. Das ist nicht selbstverständlich, denn es könnte auch (fast) immer noch schlimmer sein. Sich an wirklich existenzielle Katastrophen zu erinnern, kann helfen, die momentane Stresssituation ins rechte Licht zu rücken.

### 6.3.2 Vertreten Sie Ihre Meinung

Studien[12] belegen, dass 95 Prozent aller Menschen Herdentiere sind. Wer aus der Masse heraussticht, wird gern als unnormal bezeichnet. Dabei sind es gerade die individuellen Merkmale, die uns so besonders machen. Lassen Sie sich nicht von anderen kleinmachen, sondern stehen Sie für Ihre Meinung ein, selbst wenn Sie damit in einer Gruppe allein stehen sollten. Ein Beispiel: Ihr Vorgesetzter hat im Rahmen der Corona-Pandemie angewiesen, dass alle Mitarbeiter im Unternehmen mindestens zweimal in der Woche mit einem Schnelltest auf eine eventuelle Infektion hin getestet werden müssen. Um eine gewisse Qualität sicherzustellen, wurden Selbsttests der Mitarbeiter verboten.

Während Sie das zu Beginn der Maßnahme noch sinnvoll fanden, kommen Ihnen nach 3 Monaten erste Zweifel: Mittlerweile wurden die Vorgaben Ihres Bundeslandes deutlich modifiziert und sogar Frisöre dürfen jetzt ihre Kunden testen, beziehungsweise diesen den Selbsttest in der Eigendurchführung vor Ort gestatten – und Sie als Führungskraft in der Pflege sollen das weiterhin bei sich selbst nicht dürfen? Das passt nicht mehr und Sie suchen das Gespräch mit Ihrem Vorgesetzten. Dieser sieht eine nötige Modifikation der Regeln nicht ein, denn er hat gerade keine Zeitfenster dafür und möchte auch am eingeschlichenen System nichts ändern. Bleiben Sie hier hartnäckig und kämpfen Sie für Ihre Meinung.

### 6.3.3 Misserfolge sind eigentlich auch Erfolge

Johannes Haushofer[13] ist Assistant Professor of Economics an der Universität Stockholm. Sein Lebenslauf füllt ganze sieben Seiten und liest sich wie die Biografie eines Nobelpreisträgers. Abschlüsse der Elite-Universitäten Oxford, Harvard und Princeton, diverse Lehraufträge, zahlreiche Preise – beneidenswerte Erfolge. 2016 veröffentlichte er auf seiner Website ganz bewusst seinen »Lebenslauf des Scheiterns« und schrieb dazu: *»Das meiste von dem, was ich angehe, scheitert. Aber Misserfolge sind oft unsichtbar, während nur die Erfolge zu sehen sind.«*[14] Er habe gemerkt, dass andere glauben, ihm würde stets alles gelingen und dieses Bild wolle er gerade rücken. Haushofer beschreibt ausführlich, welche Misserfolge er schon hat hinnehmen müssen – und das sind wirklich einige: Universitäten, an denen er nicht angekommen wurde; Stipendien, die er nicht bekam; Aufsätze, die von Fachzeitschriften nicht genommen wurden usw. Genau diese beiden Lebensläufe, auf der einen Seite alle Erfolge, auf der anderen Seite aber auch alle Misserfolge, machen ihn stark. So kann

12 https://www.trendsderzukunft.de/menschen-sind-wie-schafe-ueber-alpha-menschen-und-herdentiere/
13 https://www.sueddeutsche.de/karriere/cv-of-failure-das-meiste-was-ich-versuche-misslingt-1.3036454
14 https://haushofer.ne.su.se/

es jedem von uns gehen. Wer Niederlagen nicht als Zeichen von Schwäche begreift, sondern als bereichernde Erfahrung, hat die Chance, daraus zu lernen. Ihre letzte Arbeitsstelle war furchtbar? Nein, sie war nur eine weitere Stufe auf dem Weg zur richtigen. Sie haben sicher etwas daraus mitgenommen – zumindest die Erkenntnis, unter welchen Umständen und Bedingungen Sie nie mehr arbeiten wollen.

### 6.3.4 Sie müssen nicht immer perfekt sein



Wer ständig alles perfekt machen möchte, ist dauergestresst und frustriert. Das Ziel, dass alles immer in allen Bereichen perfekt sein ist, werden Sie nie erreichen. Nehmen Sie sich diesen Druck im Alltag. Gegen einen gesunden Ehrgeiz und den Willen, im Job und Privatleben alles gut machen zu wollen, ist sicher nichts einzuwenden. Versuchen Sie aber, es bei dem »gut« machen zu belassen, und verzichten Sie darauf, es »perfekt« zu machen. Da dieser Wille zum Perfektionismus nur sehr schwer abzulegen ist, empfehle ich Ihnen folgende Übung für Sie und Ihre Mitarbeiter*innen: Jeder sollte sich am Abend hinsetzen und eine Liste mit all den Dingen anlegen, die er an dem Tag nicht so gemacht hat, wie er sie machen wollte. Nach zwei Tagen wird diese Liste wieder angeschaut. Dabei soll jeder versuchen zu realisieren, dass darauf nichts Lebenswichtiges steht. Morgen ist auch noch ein Tag. Die Erkenntnis: Sie und Ihre Mitarbeiter*innen können erkennen, dass alle ihr Bestes gegeben und einen guten Job gemacht haben.

### 6.3.5 »Ich bin okay – Du bist okay«

Sie kennen die »selbsterfüllenden Prophezeiung«? Dieses Phänomen besagt, dass unsere Einstellung, mit der wir etwas angehen, ausschlaggebend für das Ergebnis ist. Wenn Sie z. B. auf einen Angehörigen, der von Ihren Kolleg*innen als sehr schwierig eingeschätzt wird, offen, freundlich und mit dem Gedanken »Wir kommen bestimmt gut miteinander aus« zugehen, ist die Chance, dass Sie ein gutes Verhältnis aufbauen, gleich viel höher. Ich habe in unserer heutigen Zeit den Eindruck, dass wir uns sehr oft nur noch zwischen Extremen bewegen. Entweder alles ist in allen Lebenslagen absolut perfekt, oder eine Katastrophe. Ich wünsche Ihnen, dass Sie lernen, eine realistische Erwartungshaltung in Job und Privatleben an den Tag zu legen. Schaffen Sie im Team nach und nach eine Ruhe-Insel für alle.

**Worte von Charlie Chaplin an seinem 70. Geburtstag – ein Text zum Lesen und Nachdenken**

Zwischen anstrengendem Arbeitsalltag und aufregendem Familienleben bleibt oft wenig Zeit für einem selbst. Hier geht es Ihren Mitarbeiter*innen vermutlich genauso wie Ihnen. Fühlen Sie sich auch manchmal wie der berühmte Hamster im Rad, der läuft und läuft und doch irgendwie nie ankommt? Ein wunderschöner Text, der all das anspricht und uns andere Perspektiven aufzeigt, ist der folgende Auszug einer Rede, die Charlie Chaplin an seinem 70. Geburtstag gehalten hat.

*»Als ich mich selbst zu lieben begann …*
*Als ich mich selbst zu lieben begann, habe ich verstanden, dass ich immer und bei jeder Gelegenheit, zur richtigen Zeit am richtigen Ort bin und dass alles, was geschieht, richtig ist. Von da an konnte ich ruhig sein. Heute weiß ich: Das nennt man VERTRAUEN.*
*Als ich mich selbst zu lieben begann, konnte ich erkennen, dass emotionaler Schmerz und Leid nur Warnungen für mich sind, gegen meine eigene Wahrheit zu leben. Heute weiß ich: Das nennt man AUTHENTISCH SEIN.*
*Als ich mich selbst zu lieben begann, habe ich aufgehört, mich nach einem anderen Leben zu sehnen, und konnte sehen, dass alles um mich herum eine Aufforderung zum Wachsen war. Heute weiß ich: Das nennt man REIFE.*
*Als ich mich selbst zu lieben begann, habe ich aufgehört, mich meiner freien Zeit zu berauben, und ich habe aufgehört, weiter grandiose Projekte für die Zukunft zu entwerfen. Heute mache ich nur das, was mir Spaß und Freude macht, was ich liebe und was mein Herz zum Lachen bringt, auf meine eigene Art und Weise und in meinem Tempo. Heute weiß ich: Das nennt man EHRLICHKEIT.*
*Als ich mich selbst zu lieben begann, habe ich mich von allem befreit, was nicht gesund für mich war, von Speisen, Menschen, Dingen, Situationen und von allem, was mich immer hinunterzog, weg von mir selbst. Anfangs nannte ich das »gesunden Egoismus«, aber heute weiß ich, das ist SELBSTLIEBE.*
*Als ich mich selbst zu lieben begann, habe ich aufgehört, immer recht haben zu wollen. So habe ich mich weniger geirrt. Heute habe ich erkannt: Das nennt man DEMUT.*
*Als ich mich selbst zu lieben begann, habe ich mich geweigert, weiter in der Vergangenheit zu leben und mich um meine Zukunft zu sorgen. Jetzt lebe ich nur noch in dem Augenblick, wo alles stattfindet. So lebe ich heute jeden Tag und nenne es BEWUSSTSEIN.*
*Als ich mich selbst zu lieben begann, da erkannte ich, dass mich mein Denken armselig und krankmachen kann. Als ich jedoch meine Herzenskräfte anforderte, bekam der Verstand einen wichtigen Partner. Diese Verbindung nenne ich heute HERZENSWEISHEIT.*
*Wir brauchen uns nicht ständig vor Auseinandersetzungen, Konflikten und Problemen mit uns selbst und anderen zu fürchten, denn sogar Sterne prallen manchmal aufeinander und es entstehen neue Welten. Heute weiß ich: DAS IST DAS LEBEN.«*

## 6.4 Lieben Sie Ihr Leben, aber nie Ihren Job

Haben Sie schon einmal vom »Guru der Gelassenheit« gehört? So wird der Manager Frank Behrendt gern in der Presse bezeichnet. Der PR-Fachmann hat vor einigen Jahren mit seinem Buch »Liebe dein Leben und nicht deinen Job« einen Bestseller gelandet und den Nerv unserer Zeit getroffen. Entstanden ist das Buch aus seinem Arbeitsalltag heraus: Er war immer gut drauf, scheinbar nie gestresst. »Wie geht das bloß?«, fragten sich seine Kollegen. Ob er nicht mal sein Erfolgsrezept verraten könne? Ich finde die Tipps, die er dazu im Buch vorstellt, auch für uns Führungskräfte in der Pflege sehr treffend und lebensnah. Eine gute Balance zwischen Beruf und Privatleben zu finden, kann nämlich durchaus gelingen. Frank Behrendt gibt Tipps und ich habe Beispiele aus dem Pflegealltag mit eingefügt, damit Sie erkennen können, dass seine Tipps auch bei Pflegekräften funktionieren.



**Verschieben Sie Ihre Prioritäten: Ihr Job ist nicht das Wichtigste**

Machen Sie sich vor jedem Dienstbeginn klar, dass Sie im Job nur »Monopoly für Erwachsene spielen« (S. 13). Egal, was Sie machen oder nicht machen – die Welt dreht sich weiter. Deshalb sollten Sie sich bei aller Ernsthaftigkeit nicht zu wichtig nehmen. Das klingt beim ersten Lesen provokant und trifft sehr oft gleich auf reflexartigen Widerspruch unter Pflegekräften. »Aber natürlich ist es ganz wichtig, was wir machen!«, höre ich dann oft als Antwort. Ja, es ist wichtig. Sie haben einen verantwortungsvollen Job. Aber: Wenn der Dienst vorbei ist, kommen die Kolleg*innen aus der nächsten Schicht. Und Sie verlassen sich darauf, dass diese dieselbe Arbeitsqualität liefern wie Sie. Das Rad auf der Arbeit dreht sich auch weiter, wenn Sie nicht da sind.

**Schaffen Sie sich Atempausen während der Arbeit**

Wie oft machen Sie während Ihres Dienstes wirklich gezielt Ihre Pause, geben ganz bewusst das Telefon ab und sind eine halbe Stunde wirklich nicht zu erreichen? Eher selten, oder? Oft wird in der »Pause« noch hektisch die Dokumentation erledigt, Sie werden durch die Klingel unterbrochen oder ein Mitarbeiter sucht das Gespräch. Das muss nicht sein. Geben Sie Ihrer Pause und der Pause jedes einzelnen Teammitglieds eine höhere Wertigkeit. Mit einer guten Struktur und Planung der Dienste (▶ Kap. 2.2) ist es kein Problem, jedem seine halbe Stunde zu garantieren. In dieser Zeit machen Sie dann, was Sie auf andere Gedanken bringt. Essen Sie etwa ganz in Ruhe oder Sie gehen an die frische Luft.

**Blicken Sie über den Tellerrand hinaus**

Warum eigentlich die Pause immer mit den Kolleg*innen der Pflege verbringen? Oder immer nur mit seinem eigenen Team zum Rauchen gehen? In Ihrer Einrichtung oder Ihrem ambulanten Dienst leben und arbeiten noch viel mehr interessante Menschen. Gehen Sie doch mal mit den Kolleg*innen aus der Reinigung zum Essen. Oder setzen Sie sich zu einem Ihrer Pflegekunden. Diese »gechillten« Unterhaltungen fern des

Pflegealltags bringen Ihnen mehr Wohlbefinden als die 10. Klage Ihrer Pflegemitarbeiter*innen, warum sie schon wieder einspringen oder am nächsten Wochenende arbeiten müssen.

**Holen Sie sich den Happiness-Kick von früher zurück**
Fast jeder hat in seiner Kindheit glückliche Momente erlebt. Wenn Mama die Lieblingsspielzeuge von früher inzwischen verschenkt hat – auf Ebay gibt es alles. Die Figur von Han Solo aus »Krieg der Sterne« auf dem Schreibtisch oder das Bild von He-Man im Spind garantiert einen guten Start in den Tag.

**Bewahren Sie Ihr Familienglück**
Nichts begeistert mehr als Ihre Familie. Überlegen Sie deshalb genau, wie Sie mit Ihren Lieben die meiste Zeit verbringen können. Macht es für Ihr Gehalt wirklich so viel aus, wenn Sie statt 40 nur noch 35 Stunden arbeiten würden? Der Unterschied bedeutete immerhin gut drei freie Tage mehr im Monat. Lassen Sie sich von Ihrer Personalabteilung eine Musterabrechnung für die reduzierte Arbeitszeit ausrechnen und treffen Sie danach Ihre Entscheidung.

# 7 Mit der richtigen Strategie zum Erfolg

## 7.1 Ohne Motivation geht nichts

*»Bauen Sie Ihr Team gezielt auf
und werden Sie damit im Unternehmen erfolgreich.«*

In diesem Kapitel möchte ich Ihnen anhand von fünf Strategien zeigen, wie Sie als Führungskraft erfolgreich werden. Um die eigenen Ziele zu erreichen und als Belohnung selbst auf der Karriereleiter den nächsten Schritt zu erreichen, ist es Grundvoraussetzung, dass Sie in dem, was Sie gerade tun, erfolgreich sind. Sie sollten konkrete Ergebnisse im Unternehmen vorweisen können und eine qualitativ hochwertige Arbeit leisten. Als Leitungs- und Führungskraft in der Pflege hängen Ihre persönlichen Erfolge zu einem Großteil von der Performance Ihres Teams ab. Sie sollten deshalb in der Mitarbeiterführung strategisch klug handeln und Ihr Team gezielt aufbauen.

Ein ganz wichtiger Faktor dabei ist die Motivation. Unter Psychoanalytikern gibt es den Spruch: »Man kann den Hund nicht zum Jagen tragen.« Meint: Einen Menschen, der etwas selbst nicht will, kann man als Ratgeber, Vorgesetzter usw. nicht dazu zwingen. Natürlich stehen Sie Ihren Mitarbeiter*innen auch zur Seite, wenn jemand einmal ein Tief hat, private Probleme die Arbeit erschweren oder die Motivation gerade nicht hundertprozentig ist. Aber das sollte eben nicht die Regel sein. Mitarbeiter*innen, die permanent demotiviert sind oder trotz aller Hilfestellungen von Ihnen keine guten Leistungen bringen, ziehen auf lange Sicht gesehen die Qualität des ganzen Teams, und damit Ihren Erfolg, herunter. Manchmal kann dann auch eine Trennung von einem solchen Mitarbeiter das Mittel der Wahl sein. Bevor es soweit kommt, können Sie aber an vielen Stellschrauben ansetzen. Ein Ansatz zur Steigerung der Motivation ist die Fish™-Philosophie. Seit vielen Jahren ist sie einer der Geheimtipps in Motivationstrainings. Ich verspreche Ihnen: Setzen Sie »den Fish« in Zukunft auch bei Ihren Mitarbeiter*innen um, werden diese motiviert sein wie nie. Die Fish™-Philosophie zeigt auf, wie Spaß am Arbeitsplatz – und sei er auch manchmal noch so hart – entstehen kann.

### 7.1.1 Das FISH-Philosophie

Kurz nach 9:00 Uhr morgens im Hafen von Seattle, dem nordwestlichsten Zipfel der USA: Hier ist der Sitz des weltberühmten »Pike Place Fischmarkt«. An diesem malerischen Ort findet nicht einfach nur ein Fischverkauf statt. Nein, es findet eine richtige Show statt, die jährlich Tausende von Touristen anlockt. Fische fliegen durch die Luft, ein Witz jagt den nächsten und es herrscht eine ganz eigene Atmosphäre, die von viel Freude und Engagement geprägt ist. Und in die Mitarbeiter und Kunden gleichermaßen eingebunden sind. Aus einer an und für sich recht langweiligen Arbeit wird ein großer Spaß. Was bewirkt diese Motivation der Fischverkäufer? Was wissen sie, was Mitarbeiter*innen in der Pflege oft nicht wissen? Wie entsteht Spaß am Arbeitsplatz, auch wenn die Arbeit anstrengend und kräfteraubend ist?

**Vier Grundprinzipien zur täglichen Motivation**

Ganz einfach – die Fischverkäufer arbeiten nach vier ganz einfachen Grundprinzipien:

1. Wähle deine Einstellung!
2. Spiele!
3. Bereite anderen eine Freude!
4. Sei präsent!

In der Übersicht (▸ Tab. 10) habe ich Ihnen die vier Prinzipien als Motivationshilfe für Ihre Führung zusammengefasst. In jeder Zeile finden Sie hinter dem Prinzip die nähere Erläuterung und ein Beispiel. Beim ersten Lesen kommt Ihnen vielleicht einiges übertrieben vor. Auf der anderen Seite: Sind Ihre Mitarbeiter*innen nicht zu oft im Tal der Tränen gefangen? Die Arbeit ist so anstrengend, Sie haben zu wenig Personal, die Angehörigen nerven usw. Es wird Zeit für einen Perspektivenwechsel in der täglichen Motivation!

**Tab. 10: Die vier Prinzipien der Fish™-Philosophie**

| | Prinzip | Erläuterung | Beispiel |
|---|---|---|---|
| 1 | Wähle deine Einstellung. | In der Pflege arbeiten ist kein Zuckerschlecken. Das sind viele andere Jobs aber auch nicht. Und genau betrachtet hat jede Tätigkeit ihre Sonnen- und Schattenseiten. Die Frage ist, mit welcher Einstellung man in den Tag hineingeht und wohin man in der Folge seine Aufmerksamkeit lenkt. | Sie denken manchmal schon vor Beginn des Dienstes: »Oh je, heute ist wieder so viel zu tun, das werde ich doch alles nicht schaffen!«<br><br>Ja, mit dieser Einstellung werden Sie es auch nicht schaffen. Das ist das perfekte Beispiel einer selbsterfüllenden Prophezeiung. Versuchen Sie beim nächsten Mal zu denken: »Ja, heute ist wirklich viel zu tun. Ich liste mir alle To-Do's auf und arbeite sie nach und nach ab. Wenn ich nicht alles schaffe, ist es auch nicht schlimm. Dann übernehmen die Kolleg*innen.« |
| 2 | Spiele und hab' Spaß. | Machen Sie Ihren Arbeitsplatz zu einem Ort, an dem Sie sich gern aufhalten. Finden Sie kreative Möglichkeiten, Neues zu entdecken, zu spielen und Spaß zu haben. Auch wenn Sie in Ihrer Position vielleicht nicht viel Gestaltungsspielraum haben: Ein bisschen was geht immer. | Neue Bilder, neue Pflanzen – das Dienstzimmer oder Ihre Umkleide kreativ verrückt umgestalten? Warum nicht, schließlich halten Sie sich dort täglich auf und sollten dich wohlfühlen.<br><br>Gerade in der Pflege gibt es 1.000 Möglichkeiten, den Arbeitsalltag aufzulockern. Nutzen Sie sie. |
| 3 | Bereite anderen eine Freude. | Wenn Sie anderen eine Freude bereiten, werden Sie auch selbst automatisch Freude empfinden. Das verbessert Ihren Tag und langfristig auch die Arbeitsatmosphäre im Team. | Halten Sie gezielt nach entsprechenden Möglichkeiten Ausschau: Ihre Kollegin ist genervt, weil sie es diese Woche kaum schaffen wird, den Kuchen für ihr Kindergartenfest zu backen? Übernehmen Sie das doch einfach. Beim nächsten Mal erhalten Sie bestimmt auch mal Hilfe. So macht das Miteinander richtig Spaß. |
| 4 | Sei präsent. | Leben Sie in der Gegenwart. Seien Sie genau jetzt für den Menschen da, der vor Ihnen steht und Sie in dem Moment braucht. Konzentrieren Sie sich auf Ihr Gegenüber und seien Sie mit Kopf und Herz bei der Sache. | Schrecklich, diese Smartphone-Kultur in den Pausen, oder? Einigen Sie sich im Team darauf, dass während der gemeinsamen Pause jeder sein Smartphone in der Tasche lässt. Unterhalten Sie sich stattdessen miteinander.<br><br>Kommunizieren Sie ebenso bewusst mit Ihren Pflegekunden und den Angehörigen. Wenn Sie merken, dass jemand länger das Gespräch mit Ihnen braucht: Nehmen Sie sich Zeit dafür und delegieren Sie ggfs. eine Ihrer Aufgaben an einen Kollegen. Das macht Sie langfristig zufriedener. |

## 7.2 Arbeit hat Sinn – vermitteln Sie ihn Ihren Mitarbeiter*innen

»Was? Jetzt soll ich auch noch bei fünf Pflegekunden das Gewicht ermitteln? Warum soll ich zum Beispiel Frau Müller überhaupt wiegen? Sie ist doch normalgewichtig – irgendwie ist das oft sinnlos, was wir hier so machen!«, sagt die Assistenzkraft Michelle zu ihrer Bereichsleitung Daniel. Daniel entgegnete ihr: »Frau Müller erscheint dir normalgewichtig. Aber ob sie ab- oder zugenommen hat, können wir nur beurteilen, wenn wir das Gewicht mit belegbaren Zahlen ermittelt haben. Dann kann ich es mit dem Gewicht vom letzten Monat vergleichen und daran sehen wir dann, ob wir Maßnahmen ergreifen müssen. Komm, ich helfe dir schnell – die fünf Pflegekunden haben wir doch zusammen in null Komma nix gewogen.« Daniels Antwort gefällt mir gut: Er hat damit als Führungskraft – in dem Fall in seiner Rolle als Schichtleitung – alles richtig gemacht. Er erklärt Michelle zum einen, warum sie etwas machen soll, und bietet ihr zum anderen Hilfe an und wird dadurch seiner Vorbildfunktion gerecht. Den Sinn in kleinen Abschnitten der Arbeit zu sehen, fällt nicht immer leicht. Und ist doch so wichtig. Denn es hat großen Einfluss auf die Motivation, das Wohlbefinden im Job und die psychische Gesundheit Ihrer Mitarbeiter*innen.

Erleben Beschäftigte ihre Tätigkeit dauerhaft als nicht sinnvoll, kann das gravierende gesundheitliche Beeinträchtigungen zur Folge haben. Das bestätigten Studienergebnisse im Fehlzeitenreport 2018 des Wissenschaftlichen Instituts der AOK[15].

Als Führungskraft ist es eine Ihrer großen Aufgaben, Ihren Mitarbeiter*innen den Sinn der Arbeit zu vermitteln. Nur ein Team, das Hand in Hand motiviert arbeitet, kann gute Ergebnisse zum Wohl der Pflegekunden erzielen.

### 7.2.1 Begründen Sie Ihre Erwartungen

Warum? Damit die eigene Arbeit als sinnvoll erlebt wird, ist es für Ihre Mitarbeiter*innen wichtig zu verstehen, warum bestimmte Ziele zu einem von Ihnen festgelegten Zeitpunkt erreicht werden sollen. Als Assistenzkraft Michelle im obigen Beispiel fragte, warum ausgerechnet im heutigen stressigen Frühdienst bei fünf Pflegekunden das Gewicht kontrolliert werden muss, konnte Daniel das begründen.

[15] https://aok-bv.de/presse/pressemitteilungen/2018/index_20972.html

### 7.2.2 Vermitteln Sie Ihre Visionen

Warum? In der Führung von Mitarbeiter*innen ist ein zentraler Aspekt, dass Sie eine attraktive Zukunftsvision kommunizieren. Damit zeigen Sie auf, wofür sich das Engagement lohnt.

Beispiel: Ihre Einrichtung hat in der Umgebung keinen guten Ruf. Die pflegerische Versorgung und die Arbeitsbedingungen werden allgemein als nicht gut angesehen. Als Führungskraft nehmen Sie sich dieses Problems an und kommunizieren: »Wir geben uns ab heute alle besonders viel Mühe bei der Versorgung unserer Pflegekunden. Schließlich soll unser Ruf endlich besser werden. Wir alle wollen ja nicht mehr schräg angeschaut werden, wenn wir Freunden und Bekannten erzählen, wo wir arbeiten.«



### 7.2.3 Nehmen Sie Ihre Vorbildfunktion wahr

Warum? Wie schätzen Sie sich selbst ein? Nehmen Ihre Kolleg*innen Sie als integer und glaubwürdig wahr? Das muss Ihr Ziel sein oder werden. Denn nur dann folgen Ihre Mitarbeiter*innen Ihnen und zweifeln auch nicht mehr ihr eigenes Engagement an.

Beispiel: Die Pflegefachkraft Janet arbeitet immer nur das Geringste von dem ab, was sie eigentlich machen müsste. Die Kolleg*innen, die mit ihr in der Schicht sind, sehen auch nicht mehr ein, warum sie mehr leisten sollten. Janet ist schließlich die Fachkraft – wenn sie es nicht für nötig hält, etwa die Zimmer der Pflegekunden ordentlich zu verlassen, finden sie das auch nicht mehr so nötig. Janet ist in diesem Fall kein Vorbild und schafft es nicht, den Sinn der Arbeit zu vermitteln. Beachten Sie: Als Leitung sind Sie immer im Fokus Ihrer Mitarbeiter*innen. Handeln Sie auch entsprechend. Besser wäre es, Janet würde mit Elan vorangehen und sich deutlich mehr engagieren. Bei ihr sollten die Zimmer der Pflegekunden am ordentlichsten aussehen und sie sollte immer 100 Prozent geben.

## 7.3 Zufriedenheit – mit glücklichen Mitarbeiter*innen macht die Arbeit Freude

Gibt es in Ihrem Team auch Mitarbeiter*innen, die sich gerne aufregen und täglich kommentieren, was gerade wieder alles schiefläuft? Das Problem dabei ist, dass sie dadurch nicht nur alle anderen Teammitglieder auch mit runterziehen, sondern ihrem Gehirn beibringen, dass negative Dinge berichtenswert sind. Sie trainieren damit alle, sich in Zukunft Schlechtes leichter zu merken, und konzentrieren sich so verstärkt auf alles Negative. Das bringt das Team in einen Teufelskreis aus schlechter Laune, negativen Beobachtungen und ebensolchen Gesprächen. Stopp – hier sollten

Sie eingreifen! Eines Ihrer Ziele als Führungskraft ist es, die Zufriedenheit Ihrer Mitarbeiter*innen zu steigern. Nicht im Sinne von, Sie sind der Animateur und machen alles, nur damit es Ihrem Team gut geht, sondern im Sinne von Hilfe zur Selbsthilfe. Zeigen Sie Ihren Mitarbeiter*innen Wege auf, wie sie sich (besser) engagieren und mitdenken können. Dies gelingt gut mit diesen Ansätzen:

**Erkennen Sie eigene Bedürfnisse**
Wie: Konkretisieren Sie Ihre Probleme: Was genau macht Sie unzufrieden?
Was: Die eigenen Bedürfnisse lassen sich nicht in einer einzigen schlaflosen Nacht herausfinden. Gut eignet sich dafür ein wöchentlicher Rückblick. Setzen Sie sich z. B. jeden Freitagabend bewusst für eine Stunde hin und schreiben Sie die Antwort auf die Frage »Was waren diese Woche meine Bedürfnisse?« auf. So kristallisieren sich diese im Laufe der Zeit heraus.

**Prüfe Sie Ihre Optionen**
Wie: Welche Möglichkeiten haben Sie, wenn Sie im derzeitigen Job sehr unzufrieden sind, aber nicht kündigen wollen? Thematisieren Sie das mit engen Bezugspersonen.
Was: Manchmal wirkt ein Bereichswechsel schon Wunder. Oder vielleicht eine Fort- oder Weiterbildung?

**Seien Sie nett zu Ihren Kolleg*innen**
Wie: Hilfsbereitschaft stärkt die Verbindungen am Arbeitsplatz und macht Sie selbst glücklich.
Was: Bieten Sie Kolleg*innen Hilfe an. Bringen Sie ab und an mal Kekse oder einen Kuchen mit.

**Achten Sie auf sich**
Wie: Entwickeln Sie ein Körpergefühl, fühlen Sie in sich hinein. Nur so können Sie erkennen, wie es Ihnen geht.
Was: Wie wäre es mit einem kleinen Spaziergang zwei-, dreimal wöchentlich? Am besten allein und ohne Musik: Lauschen Sie der Natur und in sich selbst hinein.

**Machen Sie Pausen**
Wie: Tun Sie das auch zwischendurch. Das Gehirn kann sich maximal 60–90 Minuten konzentrieren.
Was: Planen Sie diese Pausen im Arbeitsalltag bewusst ein. Mit einer guten Absprache im Team funktioniert es.

**Erledigen Sie nicht alles auf einmal**
Wie: Strukturieren Sie Ihren Tag und planen Sie ablenkungsfreie Phasen ein.
Was: Entschleunigen Sie – Rom wurde auch nicht an einem Tag erbaut. Sie können nicht mehr erledigen als ein Tag Stunden hat.

## 7.4 Prüfen Sie die beruflichen Handlungskompetenzen Ihrer Mitarbeiter*innen

Meine Freundin Petra arbeitet seit mehr als 10 Jahren als Dauernachtwache in einer stationären Einrichtung. Letztens erzählte sie mir: »Gestern hatte ich mein Jahresgespräch mit unserer PDL. Und heute, nach mehr als 10 Jahren im Dienst, erzählt sie mir, dass meine Sozialkompetenz ganz schön nachgelassen hätte. Sie führt das auf den Dauernachtdienst zurück, weil ich da nicht mehr so viel mit den Kolleg*innen zu tun habe und auch eher weniger mit den Pflegekunden kommuniziere. Ich solle mir doch überlegen, ob ich nicht wieder im Tagdienst arbeiten möchte. Das würde mir guttun. Was meinst du?« Ehrlich gesagt, ein bisschen musste ich der PDL schon recht geben: Wenn jemand in seiner Arbeit bestimmte Schwerpunkte hat, leiden oft andere Faktoren darunter. Petras liebevolle Kommunikation mit den Pflegekunden hatte auch nach meiner Einschätzung wirklich etwas nachgelassen. Das war ihr gar nicht bewusst. Sie ist eigentlich ein herzensguter Mensch. Aber der dauerhafte Nachtdienst fordert nach den vielen Jahren seinen Tribut, in ihrem Fall in der Sozialkompetenz. Die vier Handlungskompetenzen sind ein gutes Instrument, um die Stärken und Schwächen Ihrer Mitarbeiter*innen einzuschätzen.

7

Die vier beruflichen Handlungskompetenzen sind

1. die Fachkompetenz,
2. die Methoden-,
3. die Sozial- und
4. die Personalkompetenz.

Diese umfassen neben dem Wissen auch die Fähigkeit, dieses in der Zusammenarbeit mit anderen Menschen einzusetzen und erfolgreich zu handeln. Folgendes können Sie unter den einzelnen beruflichen Kompetenzen verstehen:

**1. Fachkompetenz** ist die Fähigkeit und Bereitschaft, aufgrund fachlicher Kenntnisse und Fertigkeiten strukturiert, kreativ und selbstbestimmt Aufgaben und Probleme zu lösen = **die Anwendung von Fachwissen**

**2. Methodenkompetenz** meint die Fähigkeit und Bereitschaft, auch das geistige Vorgehen zu strukturieren und Hilfsmittel kreativ, zweckgebunden und organisiert einzusetzen = **Wissen über die möglichen Vorgehensweisen**

**3. Sozialkompetenz** ist die Fähigkeit und Bereitschaft, soziale Beziehungen zu gestalten, Zuwendungen und Spannungen zu erfassen und in kooperativer Form gemeinsame Ziele zu verfolgen = **Qualität der Zusammenarbeit und der Kommunikation**

4. **Personalkompetenz** meint die Fähigkeit und Bereitschaft, ein Selbstbild und Werte zu entwickeln. Das eigene Handeln wird hinterfragt = **Einschätzung des eigenen Handelns**

## 7.5 Handlungskompetenzen – der Test

In welcher Kompetenz sehen Sie die Stärke Ihrer Mitarbeiter*innen und wo besteht Verbesserungspotenzial? Nutzen Sie dafür den Test (▸ Tab. 11). Zu jeder Kompetenz finden Sie drei Fragen. Wenn Sie bei einer Kompetenz zwei Fragen mit »Nein« beantworten müssen, empfehle ich Ihnen, das Gespräch mit dem Mitarbeiter zu suchen und in diesem Bereich zu arbeiten.

**Tab. 11: Berufliche Handlungskompetenzen**

| | Ja | Nein |
|---|---|---|
| **1. Fachkompetenz** | | |
| Setzt der Mitarbeiter in der Versorgung der Pflegekunden pflegerelevante Prioritäten? | ☐ | ☐ |
| Wählt er die benötigten Materialien sinnvoll und wirtschaftlich aus? | ☐ | ☐ |
| Ist er fachlich in der Lage, bei einer sinnvollen Begründung von seiner Planung abzuweichen? | ☐ | ☐ |
| **2. Methodenkompetenz** | | |
| Plant er seine pflegerischen Maßnahmen zeitlich sinnvoll und inhaltlich logisch? | ☐ | ☐ |
| Kennt er Instrumente zur Einschätzung von Risiken? | ☐ | ☐ |
| Reflektiert er seine pflegerischen Maßnahmen strukturiert? | ☐ | ☐ |
| **3. Sozialkompetenz** | | |
| Kann er sich in die Situation von Angehörigen einfühlen? | ☐ | ☐ |
| Berücksichtigt er die Gefühle seines Pflegekunden und reagiert er entsprechend? | ☐ | ☐ |
| Bezeichnet er sich selbst als wertschätzend und respektvoll? | ☐ | ☐ |
| **4. Personalkompetenz** | | |
| Nimmt er seine eigenen Gefühle immer wahr? | ☐ | ☐ |
| Kennt er seine Grenzen und fordert er bei Bedarf Hilfe an? | ☐ | ☐ |
| Hinterfragt er seine eigenen Vorgehensweisen kritisch? | ☐ | ☐ |

# 7.6 Kaizen hilft Ihnen bei der zwischenmenschlichen Zusammenarbeit

Der Begriff »Kaizen« stammt aus dem japanischen Qualitätsmanagement und meint grob übersetzt die »Veränderung zum Besseren«. Dahinter verbirgt sich die Idee, im Arbeitsleben nur die Dinge zu verändern, die auch wirklich zum Besseren führen. Also keine Veränderung anfangen, nur damit etwas anders wird, sondern eben nur, wenn eine echte Verbesserung das Ziel ist.

Hand aufs Herz: Wie oft geht es bei in der Altenpflege im Berufsalltag um Teamkonflikte? Manchmal drängt sich der Eindruck auf, dass das primär das Thema ist, um das Ihre Teams kreisen, oder? Wie viel Energie dabei sinnlos verschwendet wird, die es doch eigentlich für Ihre fordernde Arbeit bräuchte. Das beste Beispiel ist für mich in diesem Bereich immer die »stille Post«. Haben Sie jemals erlebt, dass sich wichtige Informationen über Ihre Pflegekunden genauso schnell verbreiten wie Informationen über Kolleg*innen? Ich noch fast nirgends. Woran kann es liegen, dass so oft eine »Lästerkultur« (▸ Kap. 5.1) vorherrscht? Dass es in vielen Teams eher ein Gegeneinander statt ein Miteinander gibt? Zwei Hauptursachen liegen dafür auf der Hand: die Überlastung und die Unausgeglichenheit vieler Kolleg*innen. Pflegekräfte arbeiten mit Menschen. Das ist an sich schon täglich physisch und psychisch fordernd. Ergänzend hinzukommen die allseits bekannten Mängel in der Branche: Personalmangel, ein hoher Krankheitsstand, Arbeit mit Zeitarbeitsfirmen usw. Pflegekräfte, die sich trotz aller Widrigkeiten durchkämpfen, sind in der Folge überlastet, innerlich unausgeglichen. Das ist ganz normal. Diese Anspannung braucht ein Ventil – und das führt dann leider häufig dazu, dass sich Teams in Konflikten aufreiben. In der Grafik habe ich Ihnen diesen Zusammenhang einmal bildlich dargestellt (▸ Abb. 1).

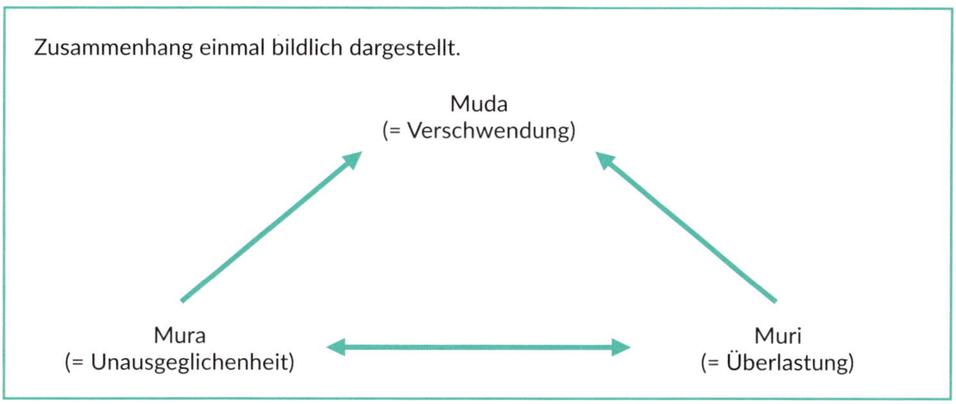


Abb. 1: Teufelskreis der Konflikte.

**Muda** steht dabei für die Verschwendung: Das ist etwas, was wir Führungskräfte unbedingt vermeiden wollen. Es sollen weder Material, noch zeitliche oder gar menschliche Ressourcen unnötig überstrapaziert werden.

**Mura** meint die Unausgeglichenheit und Muri steht für die Überlastung. Ganz schön einleuchtend, dieses Dreieck? Lassen Sie es einmal in Ruhe auf sich wirken. Dann wird recht schnell deutlich, wo die Reise hingehen muss, um wieder ein Miteinander in Ihrem Team zu etablieren. Um Verschwendung (von Energie bei Teamkonflikten) zu vermeiden, ist es wichtig, sich für den Einzelnen zu interessieren, Ihre Mitarbeiter*innen wahrzunehmen und Folgendes zu sehen:

1. Ist hier gerade jemand überlastet?
2. Ist einer meiner Mitarbeiter*innen gerade unausgeglichen?

Orientieren Sie sich im Pflegealltag an diesen beiden Leitfragen. Diese machen bewusst, worum es in einer guten Zusammenarbeit im Team gehen muss: zu erkennen, ob es dem Nächsten gut geht oder ob er Hilfe braucht. Wenn es Ihnen und Ihren Mitarbeiter*innen gelingt, das gegenseitig wahrzunehmen und zu erkennen, sind Sie einer möglichen Lösung schon ganz nah. Denn dann können Sie sich zusammensetzen und gemeinsam überlegen: Was müssen wir verändern? Probieren Sie es im Alltag doch einmal aus.

## 7.7 Wenn gar nichts mehr geht – die Kündigung

Es ist in Deutschland so gut wie unmöglich, einen Arbeitnehmer zu kündigen. Erstaunt Sie diese Aussage? So geht es vielen Führungskräften beim ersten Hören. Arbeitnehmer*innen haben in Deutschland einen so guten Rechtsschutz, wie in fast sonst keinem Land – hierüber sollten Sie Bescheid wissen. Eine Arbeitgeberin von gut 200 Mitarbeiter*innen sagte mir neulich: »Es ist im Prinzip wie auf einem Basar. Wenn ich mich von einem Mitarbeiter trennen will, dann weiß ich schon, wie ich das erreichen kann. Mein Pech ist, wenn der Mitarbeiter dann auch seine Rechte gut kennt. Dann steigt nämlich die Höhe der Abfindung.« So neutral und emotionslos wie diese Arbeitgeberin müssen sie sicher nicht handeln. Aber tatsächlich: Es gibt in Deutschland genau drei verschiedene Kündigungsformen, über die sie als Führungskraft Bescheid wissen sollten.

### 7.7.1 Die betriebsbedingte Kündigung

Der Arbeitgeber kann kündigen, wenn er allgemein beschlossen hat, Arbeitsplätze abzubauen. Das bedeutet im Umkehrschluss aber auch: Er darf einen speziellen Arbeitsplatz nicht nachbesetzen. Beispiel: Sie als Fachkraft haben in Ihrem Betrieb ganz spezielle Zusatzaufgaben übernommen, Sie sind z. B. vor einiger Zeit ins Qualitätsmanagement gewechselt. Wenn Ihr Arbeitgeber Sie nun kündigen möchte, dann darf er diese Stelle danach nicht nachbesetzen.

### 7.7.2 Die verhaltensbedingte Kündigung

Eine verhaltensbedingte Kündigung ist vom Arbeitgeber meist nur sehr schwer vor Gericht aufrechtzuerhalten. Sie ist gerechtfertigt, wenn der Arbeitnehmer sich trotz mehrerer Abmahnungen weiterhin in einem Bereich arbeitsvertragswidrig verhalten. Beispiel: Ein Mitarbeiter kommt grundsätzlich 10 Minuten zu spät zum Dienst. Im Dienst telefoniert er dann häufig privat und versorgt die Pflegekunden nicht richtig. Der Arbeitgeber muss in solch einem Fall nun eines dieser Fehlverhalten kontinuierlich abmahnen und dem Mitarbeiter zwischendrin genug Zeit lassen, sich zu bessern. Beispiel: Das Zuspätkommen wird einmal abgemahnt. Dann wartet der Arbeitgeber eine Woche. Hat sich der Mitarbeiter nach Ablauf der Woche noch nicht »gebessert«, wird die nächste Abmahnung genau zu demselben Grund geschrieben. Erst dann hat der Arbeitgeber vor Gericht gute Chancen. Die meisten Vorgesetzten verfolgen aber aus meiner Erfahrung nicht konzentriert eine Sache, sondern verzetteln sich oft in einem Wust von Dingen, die bei einem Mitarbeiter nicht stimmen – und verlieren dadurch vor Gericht.

### 7.7.3 Die personenbedingte Kündigung

Bei der personenbedingten Kündigung liegen die Gründe beim Arbeitnehmer, sind aber von diesem nicht steuerbar. Deshalb sind auch keine vorherigen Abmahnungen erforderlich. Beispiele sind der Entzug des Führerscheins bei Kraftfahrern oder der Verlust der Arbeitserlaubnis bei Ausländern. Eine Unterform der personenbedingten Kündigung ist die **krankheitsbedingte Kündigung**. Um aufgrund einer Krankheit kündigen zu können, sind aber folgende Voraussetzungen nötig:

- eine negative Gesundheitsprognose,
- eine erhebliche Beeinträchtigung betrieblicher oder wirtschaftlicher Interessen, z. B. Betriebsablaufstörungen, Entgeltfortzahlungskosten usw.,
- das Fehlen eines milderen Mittels; es muss etwa ausgeschlossen sein, dass der Mitarbeiter im Betrieb an einer anderen Stelle oder mit anderen Aufgaben beschäftigt werden kann,
- eine Interessensabwägung: hier ist zu prüfen, ob die erheblichen Beeinträchtigungen ein solches Ausmaß erreicht haben, dass der Arbeitgeber die Belastung wirklich nicht mehr hinnehmen kann.

Die Gründe hier sind so eng gefasst, dass wirklich der Arbeitnehmerschutz im Vordergrund steht. Im Streitfall und wenn Sie als Führungskraft sich wirklich von einem Mitarbeiter trennen wollen, ist die Ausarbeitung einer sinnvollen Strategie zu Beginn des ganzen Kündigungsprozesses empfehlenswert. Die verhaltensbedingte Kündigung ist fast die einzige Form, die auch vor Gericht Bestand haben kann. Prüfen Sie deshalb genau, wie im Beispiel genannt: Warum wollen Sie jemandem kündigen? Sind Sie und Ihr Unternehmen hier auf einer Linie? Haben Sie im Vorfeld alles versucht, um dem Mitarbeiter beizustehen und Hilfestellung zu leisten? Wenn ja, dann bleiben Sie bei einem konkreten Negativ-Verhalten und ahnden dies wie beschrieben.

# 8 Ziele setzen und erreichen

## 8.1 Überwinden Sie Ihre Scheu – Sprechen vor Publikum ist gar nicht so schwierig

Kürzlich besuchte ich eine Fortbildung zum Thema »freiheitsentziehende Maßnahmen«. Die Dozentin war sehr nett und vermittelte die Inhalte sehr informativ. Sie ermunterte das Publikum auch immer wieder, Zwischenfragen zu stellen. Eine Pflegedienstleitung, die dies gemacht hat, hat mir aber richtig leidgetan. Sie war es anscheinend nicht gewohnt, vor so vielen Leuten zu sprechen: Sie wurde hochrot im Gesicht, verhaspelte sich und wusste am Schluss selbst nicht mehr, was sie eigentlich fragen wollte. Aber Hut ab vor ihrem Mut, stehen zu bleiben und ihre Frage tapfer zu Ende zu bringen. Kennen Sie das auch? Bekommen Sie auch Panik, wenn Sie vor Publikum sprechen müssen? Selbst wenn es »nur« darum geht, in einer Sitzung von Leitungskräften das Wort zu ergreifen oder eben auf einer Fortbildung Fragen an den Dozenten zu stellen?

Mal ehrlich: Wie oft haben Sie als Führungskraft schon die Gelegenheit, eine Rede zu halten? Dabei wäre das Beste, was Ihnen helfen würde: Üben, üben und nochmals üben. Niemand von uns käme doch hoffentlich auf die Idee, ins Wasser zu springen, obwohl er nicht schwimmen kann. Ähnlich ist es mit dem Sprechen vor Publikum – auch das erfordert in erster Linie Übung. Sie können direkt damit starten, indem Sie im ersten Schritt zu Hause für sich üben und später im zweiten Schritt Ihr Erlerntes vor Publikum im Pflegealltag umsetzen. Um Ihnen dafür einige Anhaltspunkte mitzugeben, soll Ihnen die folgende Checkliste (▸ Tab. 12) eine Hilfe sein.

**Tab. 12: Checkliste: Sprechen vor Publikum**

**1. Setzen Sie sich selbst nicht unter Druck.** ☐

- Für manche hat allein das Wort »Rede« etwas Angsteinflößendes, weil es mit einer hohen Erwartungshaltung verbunden ist. Ein Politiker hält vielleicht eine Rede, aber man selbst? Leichter fällt es Ihnen, wenn Sie sich sagen: »Ich möchte etwas Informatives/ Freundliches sagen« oder »Ich möchte meine Gedanken mitteilen«.
- Lampenfieber ist etwas ganz Normales. Das Adrenalin hilft Ihnen dabei, sich ganz zu fokussieren.

**2. Nehmen Sie eine bewusste Körperhaltung ein.** ☐

- Stehen Sie standfest und gerade: beide Beine auf den Boden (Sie können sich für den Anfang vorstellen, dass Ihre Füße am Boden festgeschraubt wurden), Brust raus, Kopf gerade. Auf keinen Fall sollten Sie die Schultern einziehen oder nervös gestikulieren. Das wirkt unsicher und macht auch Ihre Zuhörer*innen nervös.
- Richtig geübte Redner schaffen es, sich auf der Bühne zu bewegen, auf und ab zu laufen, ohne den Faden zu verlieren. Damit dies richtig souverän wirkt, ist allerdings viel Übung nötig. Ich empfehle Ihnen, das erst in einem zweiten Schritt zu proben.

**3. Trinken Sie ausreichend.** ☐

- Eine trockene Kehle wirkt sich auf Ihre Stimme aus, trinken Sie daher im Vorfeld etwas Wasser (möglichst ohne Kohlensäure).
- Für das Sprechen vor Publikum selbst: Stellen Sie warmes Wasser oder Tee bereit, Lutschtabletten mit Hyaluronsäure befeuchten Mund- und Rachenschleimhaut.

**4. Bewahren Sie die Nerven.** ☐

- Wenn Sie Entspannungstechniken wie autogenes Training beherrschen, reagieren Sie bei Stress gelassener. Ein Tipp für die kleine Entspannung vor Ihrer Rede: Setzen Sie sich aufrecht auf einen Stuhl, legen Sie die Hände auf den Bauch und atmen Sie tief ein, während Sie bis 5 zählen. Dann atmen Sie ebenso langsam wieder aus. Spüren Sie, wie sich Ihre Bauchdecke beim Ein- und Ausatmen wölbt und senkt.
- Kurzfristig helfen Ihnen auch ein kurzes Stoßgebet Globuli (z. B. Avena sativa D 12 von DHU).

**5. Machen Sie Probedurchgänge.** ☐

- Üben Sie Ihre Rede mindestens 5–8 Mal laut, gern auch in der Kleidung und den Schuhen, die Sie dann tragen werden – je realistischer die Situation, desto effektiver.
- Nehmen Sie Ihre Rede mit dem Smartphone auf und analysieren Sie sie anschließend: Was ist Ihnen gut gelungen, wo besteht noch Verbesserungspotenzial?

**6. Überlegen Sie: Wie wollen Sie präsentieren?** ☐

Möchten Sie Hilfsmittel nutzen? Wenn ja, welche? Folien oder Power-Point? Aber bedenken Sie: Dann nur stur von diesen abzulesen, fesselt Ihr Publikum nicht. Wenn Sie Hilfstechniken nutzen, empfehle ich Ihnen, dort nur wichtige Stichwörter festzuhalten und den Rest frei zu erklären. So wirken Sie authentischer und Ihr Publikum wird Ihnen gern zuhören.

Ich kann Ihnen aus eigener Erfahrung versprechen: Je öfter Sie üben, desto besser wird Ihnen das Sprechen vor Publikum gelingen. Wenn Sie sich nach dem Training zu Hause schon sicherer fühlen, überlegen Sie, wie Sie im nächsten Schritt vor »echtem« Publikum üben könnten. Eine gute Gelegenheit bietet sich immer bei der regelmäßigen Teamsitzung. Überlegen Sie, zu welchen Fachthemen im Team noch Nachholbedarf besteht. Dieses können Sie dann zu Hause ausarbeiten und Ihren Kolleg*innen einmal vorstellen. In diesem Rahmen haben Sie den Vorteil, dass die Situation zwar schon mehr in die Richtung »Vortrag vor fremdem Publikum« geht, Sie aber doch Ihre Zuhörer kennen und deshalb nicht ganz so aufgeregt sein werden.

*Fazit* **Alle anderen kochen auch nur mit Wasser**

So können Sie sich nach und nach steigern, bis es Ihnen am Schluss gelingen wird, auch vor völlig fremdem Publikum sicher und angstfrei zu sprechen. Wenn Sie zwischendurch einmal denken: »Das schaffe ich nie!«, dann halten Sie sich immer vor Augen: Wie geschult Ihnen ein Redner auch immer vorkommen mag, jeder hat einmal klein mit den einfachsten Basic-Übungen angefangen. Das gelingt Ihnen auch!



## 8.2 Wählen Sie gezielt die Fortbildungen aus

Überlegen Sie eine Fort- oder Weiterbildung zu besuchen? Das wäre prima. Gerade als Führungskraft in der Pflege ist es wichtig, sich immer auf einem aktuellen fachlichen Stand zu halten und sich stetig und fortwährend weiterzubilden. Sicher haben Sie auch schon vom »lebenslangen Lernen« gehört? So schnell wie sich heutzutage alles ändert ist das das Konzept der Zukunft. Damit Ihr Besuch einer Fort- oder Weiterbildung wie beispielsweise der Weiterbildung zur Bereichsleitung oder aktuell zu den Themen Generalistik, neues Qualitätsverfahren usw. auch nachhaltig ist und sowohl für Sie als auch für Ihren Arbeitgeber einen echten Mehrwert hat, ist eine gute Planung sehr wichtig. Das Gelernte soll nicht anschließend im Alltag verpuffen, sondern Ihnen neue Handlungsspielräume und Gestaltungsmöglichkeiten eröffnen. Das schaffen Sie, wenn Sie Ihr Augenmerk auf eine gute Vor- und Nachbereitung legen. Das gelingt, wenn Sie Ihr Augenmerk auf diese Leitfragen richten und anhand dieser nach und nach strukturiert vorgehen.

### 8.2.1 Vorüberlegungen

Machen Sie sich Ihr Ziel bewusst:

- Was soll erreicht werden?
- Welches Problem im Unternehmen soll gelöst werden?
- Was soll nach Ihrer Weiterqualifizierung im Alltag anders sein?

Reflektieren Sie:

- Sind Sie die richtige Person für diesen Auftrag/diese Zusatzqualifizierung?
- Haben Sie einen klaren Auftrag von Ihrem Chef, wie das Gelernte im Betrieb umzusetzen ist?

Bei der Wahl der passenden Qualifizierung:

- Welches Angebot hat die größte Übereinstimmung mit dem angestrebten Ziel?
- Welcher Zeitpunkt ist sinnvoll?
- Welches Format passt am besten zu Ihnen (Seminar, Vortrag, E-Learning, usw.)?
- Erfüllen Sie die evtl. vorhandenen Teilnahmevoraussetzungen?

Schaffen Sie die passenden Voraussetzungen:

- Stehen Ressourcen zur Verfügung, um nach der Qualifizierung das Thema im Unternehmen anzugehen?
- Ist sichergestellt, dass Sie ausreichend Zeit haben, die Qualifizierung vorzubereiten, daran ohne Einschränkungen teilzunehmen und sie nachzubereiten?

Bereiten Sie sich vor:

- Haben Sie alle Informationen zum aktuellen Stand des Themas im Unternehmen?
- Ist eine sonstige Vorbereitung nötig? Sollen Sie z. B. eine Aufgabenstellung aus der Praxis mitbringen?

### 8.2.2 Während der Fort- oder Weiterbildung

Behalten Sie die betriebliche Praxis im Auge:

- Welche Aspekte spielen im Unternehmen eine besondere Rolle, wo können Hindernisse auftreten?
- Welche Erfahrungen von anderen Teilnehmer*innen können Ihnen später helfen? Lässt sich der sinnvolle Austausch miteinander noch vertiefen?
- Was sind die ersten Umsetzungsschritte nach Ihrer Qualifizierung?
- Können Sie eventuell während der Fort- oder Weiterbildung schon eine Handlungsanleitung/einen Stufenplan für die spätere Umsetzung entwerfen?

### 8.2.3 Die Umsetzung des Gelernten

Starten Sie die Umsetzung zügig:
- Welche Voraussetzungen müssen für eine Umsetzung des Gelernten im Unternehmen noch geschaffen werden?
- Ist die Unterstützung durch Ihre Vorgesetzten gesichert?
- Wer muss noch mit einbezogen werden, wer kann bei der Umsetzung des Vorhabens unterstützen?
- Ist Ihre begonnene Handlungsanleitung/Ihr Stufenplan nun fest (Schritte, Termine, Beteiligte, usw.)?

Geben Sie Gelerntes weiter:
- In welchen Bereichen kann Ihr neues Wissen hilfreich sein?
- Was sollte wer im Unternehmen erfahren?
- Wie können Ihre neuen Kenntnisse und Kompetenzen auch anderen zur Verfügung gestellt werden, z. B. in Form von Gremien, Sitzungen, Teambesprechungen?
- Wo werden Informationen hinterlegt?



Halten Sie Ihr neues Wissen lebendig:
- Wie kann das Gelernte dauerhaft präsent und aktuell bleiben?
- Ist eine zusätzliche Vernetzung mit anderen Personen oder Betrieben zum Thema hilfreich?
- Ist später eine vertiefende Qualifizierung oder Auffrischung sinnvoll?

In der Pflegebranche ist das Konzept des lebenslangen Lernens mittlerweile fest im Alltag angekommen. Ohne beständige Fort- und Weiterbildungen im Laufe des Berufslebens verlieren Sie an schnell den Anschluss. Professionalität erfordert lebenslanges Lernen. Einmal erworbenes Fachwissen hat immer kürzere Halbwertszeiten und muss berufsbegleitend aktualisiert und erweitert werden. Umso wichtiger ist es für Führungskräfte, dass sie sich im Bereich der Kostenübernahme gut auskennen. Meist übernimmt die der Arbeitgeber. Meiner Erfahrung nach werden dafür in rund drei Viertel aller Fälle sogenannte »Rückzahlungsvereinbarungen« ausgehandelt. Das bedeutet: Der Arbeitgeber möchte sich absichern. Aus seiner Sicht ist die Kostenübernahme nur sinnvoll, wenn der Mitarbeiter nach der Fort- oder Weiterbildung möglichst lange im Unternehmen bleibt und so das neu erworbene Wissen einbringt und in der Praxis umsetzt. Deshalb werden Rückzahlungsvereinbarungen abgeschlossen. Diese listen auf, was passiert, wenn der Mitarbeiter nach der besuchten Fort- bzw. Weiterbildung das Unternehmen verlässt. Kündigt er beispielsweise im ersten halben Jahr nach der Weiterqualifizierungsmaßnahme, sind oft 100 Prozent der Kosten vom Mitarbeiter an den Arbeitgeber zurückzuzahlen. Kündigt er nach einem Jahr, sind ca. 50 Prozent zur Rückzahlung fällig. Aber sind solche Vereinbarungen auch rechtlich haltbar? Arbeitsgerichte bewerten Rückzahlungsvereinbarungen sehr vorsichtig. Vielfach sind sie unwirksam, denn die Freiheit, sich einen Arbeitsplatz selbst zu wählen und auch diese Anstellung wieder beenden zu können, wird als hohes Gut bewertet. Damit eine Rückzahlungsvereinbarung vor Gericht Bestand hat, müssen folgende sechs Kriterien erfüllt sein:

1. Die Fort- oder Weiterbildung muss dem Unternehmen einen geldwerten Vorteil bringen, d. h. sie muss inhaltlich dem Unternehmen dienen.
2. Zwischen dem Arbeitgeber und dem Mitarbeiter muss eine wirkliche Verhandlung stattfinden, in der die Kostenübernahme im Verhältnis zur Bindung an das Unternehmen transparent und nachvollziehbar vereinbart wird.
3. Die Gesamtsumme des möglichen Rückforderungsbetrags muss in der Rückzahlungsvereinbarung mit aufgeführt werden.
4. Die mögliche Rückzahlung sollte detailliert aufgeführt werden, z. B. in Form eines monatlichen Zahlungsplans.
5. Dazu gehört auch eine Formulierung, unter welchen Voraussetzungen der Mitarbeiter die Kosten zurückzahlen muss.
6. Die Festlegung der tatsächlichen Bindungsdauer muss ebenso Inhalt sein.

**Info**

Für die zu berücksichtigende Fortbildungsdauer wird immer die Dauer der Freistellung von der Arbeit unter Fortzahlung des Gehalts verstanden:

- Fortbildungsdauer bis zu einem Monat: 6-monatige Bindung an den Arbeitgeber,
- Fortbildungsdauer bis zu 2 Monaten: 12-monatige Bindungsdauer an den Arbeitgeber,
- Fortbildungsdauer von 3–4 Monaten: 2 Jahre Bindung an den Arbeitgeber,
- Fortbildungsdauer von 5–12 Monaten: bis zu 3 Jahren Bindung an den Arbeitgeber.

Das hier Genannte sind juristische Faustregeln. Es kann durchaus Abweichungen geben, z. B. für besonders aufwendige Fort- oder Weiterbildungen.

**Tipp**
Ich rate Ihnen, mit sich und Ihrem Arbeitgeber fair umzugehen. Es ist nicht schön, wenn Sie eigentlich schon wissen, dass Sie bald den Arbeitsplatz wechseln werden, sich aber zuvor noch eine teure Fort- oder Weiterbildung bezahlen lassen.

Eine solche »Mitnahmementalität« ist Ihrem Arbeitgeber gegenüber nicht ehrlich. Genauso wünschen Sie sich doch auch ein faires Entgegenkommen, wenn Sie zwar gerade erst eine Fortbildung absolviert haben, plötzlich aber aus vorher nicht absehbaren Gründen den Arbeitsplatz wechseln müssen. Dann ist es gut, wenn Ihnen Ihr Arbeitgeber bei der Rückzahlung etwas entgegenkommt. Bei der Finanzierung/Rückzahlung von Fort- und Weiterbildungen gilt für mich der Grundsatz: Wie man in den Wald hineinruft, so schallt es heraus.



## 8.3 Mit der SMART-Formel erreichen Sie Ihre persönlichen Ziele leichter

Selbst gesteckte Ziele auch zu erreichen, ist manchmal gar nicht so einfach. Aber ein strategisches Vorgehen ist unabdingbar, um sich als Führungskraft stetig weiter zu entwickeln. Fragen Sie sich bitte:

- Überlegen Sie regelmäßig gezielt – z. B. am Jahresanfang – welche beruflichen Ziele Sie in diesem Kalenderjahr erreichen möchten?
- Gehen Sie anhand dieser Liste dann in der praktischen Umsetzung strukturiert vor?

Falls Sie beide Fragen mit »nein« beantworten, kann ich Sie beruhigen: So geht es vielen Führungskräften in der Pflege. Der Alltagswahnsinn fordert sie oft so sehr, dass sie häufig »nur« passiv reagieren, um den Laden/alles am Laufen zu halten und sich gar keine Zeit nehmen, um aktiv zu überlegen, was sie eigentlich konkret wollen und wie sie dahin kommen. Die gute Nachricht: Es gibt ein einfaches Instrument, dass Sie wunderbar unterstützt: Die SMART-Formel ist eine sehr gute Hilfestellung, um persönliche Ziele zu konkretisieren und im Anschluss auch wirklich zu erreichen. Wie Ihnen die Umsetzung in der Praxis gelingen kann und wofür die Abkürzung genau steht, erfahren Sie im Folgenden am Beispiel der Pflegekraft Ina.

### 8.3.1 Ein Praxisbeispiel: Viktorias Weiterbildung

Die Führungskraft Viktoria überlegt sich am Jahresende, wie sie sich beruflich weiterentwickeln kann. Als normale Bereichsleitung hat sie jetzt über 10 Jahre Berufserfahrung hinter sich – es ist Zeit, etwas Neues zu wagen. Vielleicht eine Weiterbildung zur Pflegedienstleitung? Oder gleich zur Einrichtungsleitung? Viktoria greift bei ihren Überlegungen auf die SMART-Formel zurück.

**S = spezifisch**
Formulieren Sie Ihre Ziele möglichst konkret, verständlich und eindeutig. Was genau wollen Sie bis wann in welchem Umfang erreichen? Halten Sie Ihre Überlegungen schriftlich fest.

Viktoria überlegt beim »S«: »Mein Ziel ist es, im nächsten Jahr eine Weiterbildung zu absolvieren. Eine einfache Fortbildung reicht mir nicht, ich möchte einen neuen Titel erwerben und anschließend auf dieser Grundlage auch meine bisherige Arbeit verändern. Mir ist es wichtig, die Weiterbildung im nächsten Kalenderjahr abzuschließen, sie soll sich nicht über einen zu langen Zeitraum hinziehen. Mein Favorit ist die Weiterbildung zur Pflegedienstleitung.«

**M = messbar**
Definieren Sie messbare Kriterien. An welchen Maßstäben soll die Zielerreichung überprüft und gemessen werden?

Viktoria überlegt: »Bis zum Februar habe ich den Wunsch der Weiterbildung mit meinem Arbeitgeber geklärt und mich für die Weiterbildung angemeldet. Bis zum September möchte ich den Abschluss erreicht haben.«

**A = attraktiv**
Formulieren Sie Ihre Ziele so, dass sie zwar anspruchsvoll und herausfordernd sind, dabei aber auch akzeptabel und durch Sie aktiv beeinflussbar sind. Fehlende oder unspezifische Ziele führen sonst schnell zur Demotivation.

Viktoria überlegt: »Die Weiterbildung zur Kinästhetikfachkraft, die mir mein Arbeitgeber angeboten hatte, interessiert mich einfach nicht so sehr. Ich finde, ich habe nun lange genug direkt an der pflegerischen Basis gearbeitet und geführt. Ich möchte in Zukunft noch mehr Verantwortung für den Pflegeprozess überlegen und meine eigenen Ideen durchsetzen – ich bleibe fest bei meinem Ziel der Weiterbildung als PDL.



**R = realistisch**
Achten Sie darauf, dass die vereinbarten Ziele Sie weder unter-, noch überfordern. Unter den jetzt vorhandenen Umständen und mit den jetzt vorhandenen Ressourcen sollten Sie erreichbar sein.

Viktoria überlegt: »Realistisch muss ich mir eingestehen, dass mich neben meiner Vollzeitarbeit eine Weiterbildung per Fernstudium überfordern würde. Zum einen lerne ich besser, wenn ich den direkten Austausch mit Dozent*innen oder anderen Kurskollegen habe, zum anderen habe ich keine Kraft mehr, mich noch abends oder am Wochenende hinzusetzen, um mir das neue Wissen selbst anzueignen. Ich möchte die Weiterbildung deshalb in einem Präsenzkurs absolvieren und für diese Zeit von meinem Arbeitgeber freigestellt werden.«

**T = terminiert**
Setzen Sie sich eine Frist, innerhalb der das Ziel erreicht werden soll. Bei besonders umfangreichen und/oder langen Aufgaben legen Sie Zwischenziele fest.

Viktoria überlegt: »Bis Ende Februar habe ich alles mit dem Arbeitgeber geklärt. Hier gilt es gut zu verhandeln. Ich muss den Mehrwert der Weiterbildung für das Unternehmen aufzeigen, grob skizzieren, wie ich nach dem Abschluss mit meinem neuen Wissen arbeiten möchte und die Kostenübernahme des Kurses, sowie die Kostenübernahme meiner Freistellung besprechen. Auf das Gespräch gilt es sich also gut vorzubereiten – bis Ende Januar habe ich alle oben benannten Punkte schriftlich ausgearbeitet, sodass ich in der ersten Februarwoche einen Termin bei meiner PDL vereinbaren kann. Im Februar suche ich entsprechende Kurs-Angebote von Weiterbildungsinstitutionen raus, damit ich mich spätestens Anfang März anmelden kann. Wenn der Kursbeginn feststeht, lege ich mir zwei Wochen vorher den ganzen Vorgang auf Wiedervorlage, sodass ich mich ab dann vorbereiten kann.«

**Tipp**
Einer Ihrer Mitarbeiter*innen sucht das Gespräch mit Ihnen, weil er »etwas anderes machen will«? Ein anderer meldet Ihnen im jährlichen Personalgespräch zurück, dass er ein bestimmtes berufliches Ziel hat, aber nicht weiß, wie er es erreichen kann? Geben Sie in beiden Fällen die SMART-Formel weiter. Das damit aufgezeigte Schritt-für-Schritt-Vorgehen kann Ihren Mitarbeiter*innen helfen, Ihre individuellen Ziele noch mehr zu konkretisieren und die Erreichung zu strukturieren.

## 8.4 Reflektieren Sie (sich) regelmäßig

Erinnern Sie sich auch noch, dass Sie während der Ausbildung oft die Kunst der Reflexion geübt haben? Bei jedem Praxisbesuch der Lehrkräfte nimmt das einen beträchtlichen Zeitrahmen ein. Eine realistische Selbstreflexion fließt sogar in die Examensnote mit ein. Das ist auch gut so, denn Ihre Fachkompetenz beinhaltet die Fähigkeit, komplexe Pflegesituationen einzuschätzen, zu analysieren und zu beurteilen. Reflexion ist eine Möglichkeit, genau das zu üben. Sich selbst und seine Tätigkeiten professionell einschätzen zu können, macht den Experten aus.

*Definition* **Reflexion**

Reflexion heißt, über etwas nachzudenken, es vertieft zu betrachten und zu prüfen. Zu reflektieren bedeutet, für einen Moment aus der gewohnten Routine auszubrechen und innezuhalten, sich selbst bewusst wahrzunehmen, neue Sichtweisen einzubeziehen und so seinen eigenen Horizont zu erweitern.

Halten Sie also einen Moment inne und betrachten Sie sich und Ihre Arbeit: Reflektieren Sie sich selbst regelmäßig? Gibt es einen Außenstehenden/einen Zweiten, der Ihnen zur Seite steht, der Ihre berufliche Situation kennt oder Sie regelmäßig in Ihren beruflichen Situationen erlebt und der Ihnen gezielt Rückmeldung gibt?

Das Dilemma jeder Führungskraft ist ja: Je höher die Position, desto weniger ehrliches Feedback. Haben Sie das auch schon erlebt? Etwa als Sie von der »normalen« Pflegefachkraft in die Leitungsposition der Bereichsleitung oder der Pflegedienstleitung gewechselt sind? Hat Sie dabei jemand an die Hand genommen und Ihnen wie ein Mentor zur Seite gestanden, Ihnen gezielt ehrliche Rückmeldung zu Ihrer Arbeit gegeben und auch die Gelegenheit zur (Selbst-) Reflexion geboten? Während langjährige Führungskräfte als Experten in der Lage sind, bereits während des Handelns zu reflektieren, sind junge Kolleg*innen in konkreten Situationen häufig damit überfordert. Reflexion im Nachhinein erlaubt dagegen ein Innehalten und Zurückschauen ohne Handlungsdruck.

*Beispiel* **Vivienne und die Führungsposition**

Die junge Bereichsleitung Vivienne hat in der stationären Pflegeeinrichtung Haus Sonnenschein erst vor zwei Monaten eine Führungsposition übernommen. Sie hat von ihrer PDL jetzt zum ersten Mal den Auftrag, mit einer Bewerberin ein Vorstellungsgespräch zu führen und die eventuelle Neueinstellung zu prüfen.
Während des Vorstellungsgesprächs kommt die PDL Simone kurz dazu. Sie sieht mit einem Blick, dass Vivienne sehr aufgeregt ist und die Bewerberin fast nicht zu Wort kommen lässt. Bei der Informationsweitergabe über Gehalt, Arbeitsbedingungen, Erwartungen an die Bewerberin geht Vivienne nicht strukturiert vor, sondern reißt mal das eine Thema an, springt dann ohne Punkt und Komma zum nächsten Thema und wieder zurück. Die Bewerberin wirkt zunehmend konfus und Vivienne auch.
Simone beschließt in der akuten Situation nichts zu sagen. Denn das würde Vivienne erst recht aus dem Konzept bringen und sie noch mehr verunsichern. Stattdessen ist eine Reflexion einige Zeit nach dem Bewerbergespräch sinnvoller.

Haben Sie ähnliche Beispiele auch schon erlebt? Ich würde Simone mit ihrer geplanten Vorgehensweise spontan recht geben. Es ist immer sinnvoller und zielführender, die Reflexion in Ruhe vorzubereiten und durchzuführen. Die beiden folgenden Faktoren können eine Reflexion positiv oder negativ beeinflussen:

**Signale der nonverbalen Kommunikation** wie z. B. Mimik, Gestik, Körperhaltung, Augenkontakt. Überlegen Sie bei: Ein Kollege, der Ihnen von vornherein unsympathisch ist, bei dem Sie häufig das Gefühl haben, dass er durch seine Körperhaltung oder seine Gestik Ihnen gegenüber Abfälligkeit ausdrückt – Würden Sie von so jemandem eine Rückmeldung annehmen? Sich gar auf eine gemeinsame Reflexion einlassen? Eher nicht. Es ist deshalb bei unsicheren Kollegen wichtig, die Reflexion möglichst von einer engen Bezugsperson durchführen zu lassen.

**Umgebungsfaktoren:** Atmosphäre, Räumlichkeit oder Nebengeräusche. Bei einer Reflexion, die das Innehalten und ruhige Überlegen zum Ziel hat, sind diese Dinge nicht zu vernachlässigen. Wählen Sie einen ruhigen Raum und ein Zeitfenster, bei dem sowohl Sie als auch Ihr Kollege Zeit und Muße haben und nicht gestresst sind. Entspannen Sie die Atmosphäre durch das Bereitstellen von Getränken und Keksen oder gesunden Knabbereien.

### 8.4.1 So bauen Sie das Reflexionsgespräch auf

Bleiben wir für den weiteren Text bei dem Beispiel von Vivienne und Simone. Jetzt ist schon für zweierlei gesorgt: Zum einen findet das Reflexionsgespräch zwischen der Anfängerin Vivienne und der Expertin Simone statt. Simone ist eine Bezugsperson und löst bei Vivienne keine Vorurteile aus. Zum anderen haben beide Zeit und Ruhe. Simone hat für eine gute Gesprächsatmosphäre gesorgt. Kaffee und kleine Knabbereien stehen bereit. Nun beginnt das Reflexionsgespräch mit vier Phasen (▶ Tab. 13).

**Wichtig** **Vergessen Sie die gelungenen Aspekte nicht**

Um das Selbstwertgefühl der »Neuen« zu stärken, ist es im Reflexionsgespräch ganz wichtig, dass Sie auch die gelungenen Aspekte hervorheben. Hat Vivienne z. B. bei der Begrüßung der neuen Bewerberin alles fachlich richtig gemacht, sollte Simone auf jeden Fall mit diesem positiven Feedback starten. Wenn zuerst mit Positivem gestartet wird, fördert das die Offenheit des Gegenübers auch Kritik anzunehmen.

**Tab. 13: Die vier Phasen eines guten Reflexionsgesprächs nach Richter (2002)***

| Phase | Merkmale |
|---|---|
| Phase 1:<br>Sicht des Anfängers/<br>des neuen Kollegen<br><br>(Viviennes Sicht) | • Wie sieht der Anfänger/der neue Kollege die Situation?<br>• Wie schätzt er sein eigenes Handeln ein?<br><br>Tipp: Bei der Selbsteinschätzung können Sie helfen, indem Sie beispielsweise eine Übersicht über die vier Handlungskompetenzen (▶ Kap. 7.4) vorbereiten. |
| Phase 2:<br>Sicht des Experten<br><br>(Simones Sicht) | • Wie sieht der Experte die Situation? Welche Aspekte sind aus seiner Sicht in der Reflexion zu wenig beachtet worden oder fehlten?<br>• Wie schätzt er das Handeln des Anfängers/neuen Kollegen ein?<br><br>Tipp: Auch in diesem Fall hilft eine Vorlage (▶ Tab. 14). |
| Phase 3:<br>Gemeinsames/<br>Unterschiedliches | • Herausarbeiten: Wo stimmen Selbst- und Fremdeinschätzung überein?<br>• Wo gibt es Unterschiede? Was können die Gründe dafür sein? |
| Phase 4:<br>Vereinbarungen | • Was kann sich der Anfänger/neue Kollege für sein zukünftiges Handeln vornehmen? Wo will er Schwerpunkte setzen?<br>• Was können Schritte im Lernprozess sein, die ihn dabei unterstützen?<br>• Wie können die erfahrenen Kolleg*innen im Team zur Seite stehen? |

* Vgl. Richter H (2002): Lernerfolgsüberprüfung im Lernfeldkonzept, Werkstattbericht

Gezielte Rückmeldung zu geben ist nie leicht. Zu schnell kann da etwas falsch laufen, zu schnell kann Ihr Gegenüber etwas in den falschen Hals bekommen. Ich rate Ihnen dennoch, regelmäßig Reflexionsgespräche zu führen. Wenn Sie die eben beschriebenen Faktoren und Abläufe beachten, werden Ihnen solche Gespräche in Zukunft gut gelingen. Um sich selbst weiter zu entwickeln, sollten Sie nicht nur anderen als Experte zur Seite stehen, sondern auch selbst immer wieder in die Anfängerrolle schlüpfen. Jeder Führungskraft sollte deshalb ein persönlicher Mentor zur Seite stehen. Wählen Sie dafür jemanden aus dem Sie vertrauen, der die Abläufe in Ihrem Arbeitsbereich gut kennt und der sich am besten auch noch an und mit Ihrem Arbeitsplatz gut auskennt. Vereinbaren Sie feste Rücksprachetermine und gehen Sie dabei Situationen, die für Sie neu, ungewohnt oder mit Stress behaftet waren, durch. Dadurch lernen Sie, weiten beständig Ihren Horizont und entwickeln sich stetig weiter.

Tab. 14: **Eine Vorlage zur Reflexion (nach Helmut Richter 2002)**

| Schritte | Nähere Beschreibung |
|---|---|
| 1. Sicht des Lernenden | (orientiert am Verlauf der Handlung oder an einzelnen Aspekten wie Hygiene, Umsetzung des Pflegeplans, Kommunikation)<br>• Wie sieht der Lernende die Situation?<br>• Wie schätzt er sein Handeln ein? Wie begründet er sein Handeln?<br>• Wie bewertet er es? (Selbsteinschätzung zum Beispiel anhand von formulierten Zielen oder Kompetenzen) |
| 2. Sicht des Lehrenden | • Wie sieht der Lehrende die Situation?<br>• Welche Aspekte sind aus seiner Sicht wichtig, welche sind in der Reflexion bisher zu wenig beachtet worden oder fehlen?<br>• Wie bewertet er das Handeln des Lernenden (Fremdeinschätzung zum Beispiel anhand von formulierten Zielen oder Kompetenzen) |
| 3. Gemeinsames/ Unterschiede | • Wo stimmt die Selbst- und Fremdeinschätzung überein?<br>• Wo gibt es Unterschiede?<br>• Was können Gründe für diese Unterschiede sein? |
| 4. Vereinbarungen | • Was kann sich der Lernende für sein zukünftiges Handeln vornehmen? Wo möchte er persönliche Schwerpunkte setzen?<br>• Was können Schritte und Strategien im Anleitungsprozess sein, die ihn dabei unterstützen? |

## 8.5 Zauberkraft Resilienz – Bleiben Sie auch in der Krise stark

Persönliche Krisen gehören zu unserem Leben und auch zum beruflichen Alltag, das lässt sich leider nicht ändern. Umso wichtiger ist es, dass Sie lernen, mit Krisen gut umzugehen. Wie würden Sie sich selbst einschätzen? Gelingt Ihnen das bereits? Oder sind richtige Krisen für Sie nur schwer zu bewältigen? Menschen, die sich von schweren Krisen zwar durchschütteln lassen, aber nicht an ihnen zerbrechen und am Ende sogar gestärkt aus der Krise hervorgehen, verfügen über eine ganz besondere innere Stärke: die Resilienz. Woher diese Stärke kommt, warum ein Mensch mehr davon hat, ein anderer weniger, darüber ist sich die Wissenschaft noch nicht im Klaren. Was resiliente Menschen besonders auszeichnet: Sie empfinden sich als Gestalter ihres Lebens, und nicht nur als passives Opfer der äußeren Umstände. Diese Eigenschaft ist in Krisenzeiten besonders wichtig. Denn: Wer Krisen überwinden will, muss handeln. Immer nach dem »Warum?« zu fragen, bringt uns nicht weiter. Wie kann es gelingen, von dieser Zauberkraft zu tanken?

### 8.5.1 Die 7 Schlüssel der Resilienz

Nachfolgend habe ich Ihnen sieben Schlüssel zusammengefasst, anhand derer Sie Ihre seelische Widerstandskraft stärken können. Nehmen Sie sich diese Schlüssel zur Hand und trainieren Sie Ihre Resilienz im Alltag bei kleineren Krisen. Müssen Sie beispielsweise schon wieder auf ein freies Wochenende verzichten, weil ein Mitarbeiter krank ist? Das frustriert und kann schon mal dazu führen, dass man alles hinschmeißen möchte. Sehen Sie eine solche Situation in Zukunft als kleine Krise und trainieren Sie so Ihre Resilienz. Umso besser sind Sie für die großen Krisen im Arbeitsalltag gewappnet.

**Schlüssel 1: Akzeptanz**
Akzeptieren Sie die Krise: Es ist wie es ist. Ein simpler Satz, der aber viel Kraft erfordert. Lernen Sie Herausforderungen als Teil des Lebens zu begreifen. Es wird immer wieder Krisen geben, es gibt kein Leben ohne. Das ist ein Naturgesetz. Wenn es Ihnen im Alltag gelingt, diese Sichtweise bei kleinen Krisen zu trainieren, sind Sie zukünftig auch für die großen Rückschläge im Leben besser gewappnet.



**Schlüssel 2: Optimismus**
Es wird auch wieder besser. Versuchen Sie auch bei Krisen, optimistisch zu bleiben und das Gute und Schöne nicht aus den Augen zu verlieren. Denn das gibt es immer.

**Schlüssel 3: Lösungsorientierung**
Ziehen Sie sich zurück und machen Sie einen genauen Plan, am besten schriftlich: Schreiben Sie in einen Kreis in die Mitte des Blattes Ihre aktuelle Krise. Davon ausgehend notieren Sie abgehende Pfeile mit Lösungsvorschlägen. Mit dieser Übung werden Sie zum Chancenfinder und entdecken auch in Krisen Ihre Handlungsoptionen.

**Schlüssel 4: Selbstverantwortung**
Sie sind kein Opfer der Umstände. Sie sind sich selbst wichtig und sorgen auch für sich. Sie sind der Regisseur Ihres Lebens und haben immer die Möglichkeit zu handeln.

**Schlüssel 5: Netzwerkorientierung**
Freunde, Familie und Ihr Mentor können Ihnen in schweren Zeiten zur Seite stehen. Pflegen Sie diese wertvolle Ressource gut in ruhigen Zeiten.

**Schlüssel 6: Zukunftsorientierung**
So wenig man es in ganz dunklen Zeiten hören will: Das Leben geht immer weiter. Setzen Sie sich realistische Ziele und gehen Sie diese nach und nach aktiv an. Vielleicht pro Woche eine Sache, die Sie neben dem Alltagsgeschäft erledigen wollen? Solch ein Ziel dann erreicht zu haben motiviert ungemein.

**Schlüssel 7: Achtsamkeit**
Seien Sie achtsam zu sich selbst und auch zu Ihrer Umwelt. Halten Sie regelmäßig inne und nehmen Sie wahr, was ist. Steuern Sie dadurch Ihr Leben bewusster, vielleicht kann es durch eine solche Sensibilität gelingen Unstimmigkeiten anzugehen, bevor Sie sich zu ganz großen Krisen auswachsen.

## 8.6 Achten Sie auf den Persönlichkeitsstil Ihrer Vorgesetzten

(Heraus-) fordernde Verhaltensweisen kennen Sie wohl eher von kognitiv eingeschränkten Pflegekunden, aber auch so mancher Vorgesetzter stellt Sie als Leitungskraft vor ungeahnte Herausforderungen. Keine Frage: Um sich beruflich weiter zu entwickeln braucht es das Wohlwollen des Vorgesetzten. Sie können noch so gut qualifiziert sein – ohne Protektion von oben, die Ihnen eine echte berufliche Chance ermöglicht, ist es nicht möglich, den nächsten Schritt auf der Karriereleiter zu erklimmen. Es ist unabdingbar, dass Sie ein angemessenes Verständnis von Ihrem Vorgesetzten haben und in der Folge auch Strategien beherrschen, wie Sie seinem Verhalten begegnen können bzw. wie Sie Ihre Arbeit am besten daraufhin abstimmen.
In der Forschung kennt man insgesamt 14 verschiedene Persönlichkeitsstile: wachsam, gewissenhaft, aggressiv, unglücklich, selbstbewusst, sprunghaft, abenteuerlich, lässig, exzentrisch, sensibel, anhänglich, ungesellig, hilfsbereit-aufopfernd und dramatisierend. Prinzipiell besitzt jeder Mensch Teilaspekte all dieser Persönlichkeitsstile. Allerdings ist die jeweilige Ausprägung unterschiedlich. Oldham und Morris[16] gehen in Ihrem Standardwerk »Ihr Persönlichkeits-Portrait: Warum Sie genauso denken, lieben und sich verhalten, wie Sie es tun« jedoch davon aus, dass in der Regel einer dieser Stile die Persönlichkeit dominiert. Hier setzen Sie im Umgang mit Ihrem Vorgesetzten an. In den beiden Übersichten (▶ Tab. 13) (▶ Tab. 15) habe ich Ihnen die zehn häufigsten Persönlichkeitsstile samt ihrer jeweiligen Merkmalen zusammengefasst. Sie finden hier zugeordnet die Eigenschaften, die Ihr Vorgesetzter aufweisen kann. Danach sehen Sie in der Tabelle die wahrscheinlichen Verhaltensweisen und zum Schluss die Hinweise für einen angemessenen Umgang damit.

Prüfen Sie zunächst anhand der beiden Übersichten, welcher Persönlichkeitsstil bei Ihrem Vorgesetzten dominiert. Nachdem Sie das herausgefunden haben, wissen Sie ab sofort, wie Sie den angemessenen Umgang in Zukunft gestalten. Seine Verhaltensweisen können Sie im gemeinsamen Arbeitsalltag nun nicht mehr überraschen. Sie wissen, was Sie erwartet. Entsprechen können Sie Ihr eigenes Verhalten steuern und Ihre Tätigkeiten zielgerichtet planen. Ich wünsche Ihnen viel Erfolg!

---

[16] Vgl. Oldham J, Morris L (2010): Ihr Persönlichkeits-Portrait: Warum Sie genauso denken, lieben und sich verhalten, wie Sie es tun. Klotz, Magdeburg.

**Tab. 15: Persönlichkeitsstile nach Oldham und Morris**

| | Wachsam | Gewissenhaft | Aggressiv | Unglücklich | Selbstbewusst |
|---|---|---|---|---|---|
| Das Motto | Vertrauen ist gut, Kontrolle ist besser! | Ordnung ist das halbe Leben! | Ich bin hier der Chef! | Ich bin immer der Dumme, alle anderen machen, was sie wollen! | Wenn es mir gutgeht, geht es allen gut! |
| Die Eigenschaften | • vorsichtig<br>• umsichtig<br>• konzentriert<br>• sachlich<br>• scharfsichtig<br>• eher emotional distanziert und introvertiert | • korrekt<br>• ordentlich<br>• sauber<br>• gründlich und genau<br>• engagiert<br>• strebsam<br>• emotional zurückhaltend | • energisch<br>• bestimmend<br>• entscheidungsstark<br>• zielbewusst<br>• arbeitet mit Belohnung und Bestrafung | • stark harmoniebedürftig<br>• wenig Frustrationstoleranz<br>• schnell enttäuscht<br>• wenig Vertrauen<br>• fühlt sich benachteiligt | • extrovertiert<br>• charismatisch<br>• optimistisch<br>• gut gelaunt<br>• clever<br>• taktisch geschickt<br>• gegenüber Personen, die nicht konkurrieren, großzügig |
| Die Sie fordernden Verhaltensweisen | • sucht aggressiv die Kontrolle über die Situation, auch in Form von Machtkämpfen<br>• kann schlecht Kompromisse schließen<br>• Wachsamkeit kann sich zu Misstrauen bis hin zu paranoidem Denken wandeln | • kann Dinge nicht »gut sein lassen«<br>• Ordnung zu schaffen wird zum dauerhaften inneren Auftrag<br>• Scham- und Schuldgefühle werden abgewehrt, indem Umwelt beschuldigt wird | • fordert Gehorsam<br>• ist rücksichtslos gegenüber den Bedürfnissen anderer<br>• leugnet moralische Werte, um eigene Ziele zu erreichen<br>• selbstherrlicher Umgang mit anderen Menschen | • sucht die Schuld stets bei anderen<br>• ist nie zufrieden, egal, was Sie machen<br>• ist eigentlich stark bedürftig nach Liebe, hat aber gelernt, dass durch ablehnendes und abwertendes Verhalten zu kompensieren<br>• stichelt gegen andere Menschen | • es fällt schwer, die eigenen Schwächen zu erkennen<br>• sucht ständig Beachtung<br>• braucht Komplimente<br>• läuft etwas nicht so wie gewünscht, wird schnell die Schuldfrage zentral<br>• lässt gern andere für sich arbeiten, z. B. schwächere Kollegen |

| | Wachsam | Gewissenhaft | Aggressiv | Unglücklich | Selbstbewusst |
|---|---|---|---|---|---|
| Ihr Umgang damit | • Erwarten Sie keinen Vertrauensvorschuss.<br>• Stellen Sie so oft wie möglich Ihre Sachkompetenz unter Beweis.<br>• Rechtfertigen Sie sich nicht. Bei diesem Stil gilt: Wer sich rechtfertigt, hat unrecht. | • Seien Sie humorvoll tolerant.<br>• Bleiben Sie flexibel.<br>• Vermeiden Sie eine Eskalation der Feindseligkeiten, indem Sie einfach zuhören. | • Treten Sie stark auf: Sie bekommen Respekt, wenn Sie klar Position beziehen.<br>• Konkurrieren Sie nicht um die Macht.<br>• Versuchen Sie, Zugeständnisse auszuhandeln.<br>• Ziehen Sie ihn auf Ihre Seite. | • Denken Sie an Ihren Selbstschutz: Eine Befriedigung der Wünsche werden Sie nie erreichen.<br>• Erwarten Sie keine Dankbarkeit.<br>• Halten Sie sich immer vor Augen: Hinter dem Verhalten steckt eigentlich ein großer Wunsch nach Liebe. | • Gruppenarbeiten sind hier sinnvoll: Selbstbewusste Menschen können allein mit sich wenig anfangen, glänzen lieber als Nummer 1 in einer Gruppe.<br>• Geben Sie dem Bedürfnis nach Zuwendung nach. |

**Tab. 16: Persönlichkeitsstile nach Oldham und Morris**

| | Exzentrisch | Sensibel | Anhänglich | Hilfsbereit | Ungesellig |
|---|---|---|---|---|---|
| Das Motto | Ich bin eben anderes als die anderen! | Mir reicht meine kleine Welt! | Ich bin glücklich, wenn du glücklich bist! | Leben heißt Dienen! | Ich brauche niemanden! |
| Die Eigenschaften | • unkonventionell<br>• originell<br>• ausgefallen<br>• überspannt<br>• kommunikativ<br>• gern ungebunden<br>• weniger an festen Beziehungen interessiert | • lebt in seiner eigenen Welt<br>• ist im öffentlichen Raum scheu und vorsichtig<br>• entscheidungsschwach<br>• sehr treu<br>• vermeidet Auseinandersetzungen | • liebevoll<br>• besorgt<br>• kooperativ<br>• loyal<br>• braucht direkte Beziehungen<br>• wenig Eigeninitiative<br>• lässt sich gern führen | • selbstlos<br>• großherzig<br>• empfindet Lob und Anerkennung als unangenehm<br>• anspruchslos<br>• geduldig<br>• liebevoll<br>• selbstkritisch<br>• zum Teil viele Selbstzweifel | • ruhig<br>• nicht gern in Gesellschaft<br>• in Beziehung zu anderen eher kühl und leidenschaftslos<br>• sachlich orientiert<br>• ist gern allein, ohne sich einsam zu fühlen<br>• neigt zu Rechthaberei, manchmal um jeden Preis |

| | | | | | |
|---|---|---|---|---|---|
| Die Sie fordernden Verhaltensweisen | • beharrt auf seiner Sicht der Welt<br>• ist wenig kompromissfähig<br>• kein Interesse daran, von der Umwelt akzeptiert zu werden<br>• vermutet überall ungewöhnliche Vorgänge | • zieht sich eher zurück<br>• vermeidet die Konfrontation mit selbstbewussten, exzentrischen Kollegen<br>• übervorsichtig gegenüber neuen Erfahrungen | • In der engen Beziehung zu beispielsweise einem Kollegen kann schnell die Neigung zur Überbehütung auftreten.<br>• Negative Gefühle können nicht geäußert werden und werden kompensiert, so lange es geht.<br>• braucht eine enge Kontaktperson wie die Luft zum Atmen | • vergisst sich selbst im Dienst für andere<br>• sucht schnell die Schuld bei sich, »Ich mache nie etwas richtig!«<br>• möglich, dass er Hilfe aufdrängt, die nicht gewünscht ist, z. B. einfach Ihre To-Do's übernimmt<br>• fühlt sich schnell nutzlos, wenn er anderen nicht mehr helfen kann | • verweigert die Teilnahme an gemeinsamen Aktivitäten<br>• kann mit Ihren Gefühlen nichts anfangen, Aussagen wie beispielsweise »Mein Team läuft heute unterbesetzt, ich bin etwas im Stress« interessieren nicht<br>• schroff und abweisend bis hin zu aggressiven Handlungen |
| Ihr Umgang damit | • Bestärken Sie ihn in seiner Einzigartigkeit, egal bei welchen Handlungen, denn: Diesen Stil werden Sie nicht mehr ändern können.<br>• benötigt viel Einzelzuwendung, suchen Sie deshalb immer wieder das 4-Augen-Gespräch | • Führen Sie den sensiblen Typ langsam an neue Erfahrung heran, z. B. wenn Sie zunehmend selbstbewusster werden<br>• Begleiten Sie all Ihre Tätigkeiten mit beständiger Rückbestätigung.<br>• Bieten Sie im Alltag immer wieder Rückzugsmöglichkeiten an. | • Nehmen Sie die Ängste wahr, wenn die enge Bezugsperson gerade nicht da ist.<br>• Spenden Sie emotionale und physische Nähe, so gut es Ihnen möglich ist.<br>• Schützen Sie den anhänglichen Typ, wenn er an eine Bezugsperson gerät, die es nicht gut mit ihm meint. | • Sorgen Sie für ein ausgeglichenes Geben und Nehmen.<br>• Bestätigen und loben Sie immer wieder, aber in einem für Sie erträglichen Maß.<br>• Beschäftigen Sie diesen Typ mit kleinen Arbeiten, fordern Sie z. B. seine Hilfestellung bei einem bestimmten Projekt an – das gibt einen Sinn und einen Mehrwert für Sie beide. | • Lassen Sie den ungeselligen Typ, wie er ist.<br>• Er wird nie das machen, was Sie gerne hätten, und Sie werden diesen Typ auch nicht ändern.<br>• Sparen Sie sich alle Animationen oder Motivationen.<br>• Schonen Sie Ihre Kräfte für andere Aufgaben.<br>• Verhalten Sie sich immer formal korrekt, aber eben nicht mehr. |

## 8.7 Bestehen Sie einer angemessenen Entlohnung

Hand aufs Herz: Sind Sie mit Ihrem Gehalt zufrieden? Eine intime Frage, denn wir Deutschen sprechen ungern über unsere Gehälter. Das gilt irgendwie als unanständig. Dabei kann es schon einmal zu solchen Situationen kommen, wie ich sie kürzlich in einem ambulanten Dienst erlebt habe. Die Mitarbeiter*innen dort verdienen alle unterschiedlich, denn der ambulante Dienst ist nicht tarifgebunden. Nun unterhielten sich neulich zwei Führungskräfte zufällig über ihre Gehälter. Anne war danach erschüttert, kam doch im Gespräch zutage, dass Nicole 300 Euro monatlich mehr verdient als sie. Dabei muss beachtet werden, dass Anne über mehr Berufserfahrung verfügt.

Das Ende vom Lied: Anne hat gekündigt. Sie sah sich und ihre Arbeit von ihrem Arbeitgeber zu wenig wertgeschätzt und fühlte sich betrogen. Es hat sie so enttäuscht, dass sie damit nicht mehr zurechtkam. Das ist schon ein heftiges Beispiel. Pflegekräfte fragen sich ja generell oft, was Ihre Arbeit wert ist. Vom sozialen Ansatz her ist sie natürlich extrem wertvoll und als Dienst an der Gesellschaft nicht bezahlbar. Im Rahmen der Corona-Pandemie wurde es ja auch noch einmal offiziell: Pflegekräfte sind systemrelevant. Aber monetär ausgedrückt: Sind 2000 Euro monatlich angemessen? Oder 4000 Euro? Führungskräften, die mich dazu befragen, gebe ich den Rat: Schaut nicht nach links oder rechts. Es wird immer jemand geben, der mehr, und jemand, der weniger verdient. Bleibt bei euch selbst und reflektiert eure Arbeitsleistung: Ist dazu euer Gehalt angemessen?

Überlegen Sie, ohne Emotionen mit ins Spiel zu bringen, ob Sie Ihr Gehalt für angemessen halten. Sollten Sie sich nicht sicher sein, können Sie als Unterstützung das beigefügte Musterformular hinzuziehen. Füllen Sie alle Punkte aus. Danach haben Sie einen guten Überblick über die Leistungen Ihres Arbeitgebers. Nun entscheiden Sie: Bin ich damit zufrieden? Oder möchte ich gerne das Gespräch bezüglich einer Gehaltserhöhung suchen? Wenn ja, leiten Sie das Formular an Ihren Arbeitgeber weiter. Mit einer solchen fundierten Zusammenstellung legen Sie prima Argumente vor.

**Tab. 17: Musterformular: Antrag auf Gehaltserhöhung**

| |
|---|
| Name des Mitarbeiters: ____________________ |
| Wöchentliche Arbeitszeit: __________ Std./Woche |
| Grundgehalt: __________ €/Monat |
| Zusätzliche monetäre Leistungen:<br>☐ Leistungsboni: __________ €/Monat<br>☐ Vermögenswirksame Leistung: __________ €/Monat<br>☐ Betriebliche Altersvorsorge: __________ €/Monat<br>☐ Betriebliche Krankenversicherung: __________ €/Monat<br>☐ Zuschläge: __________ €/Monat<br>☐ Sonstiges: __________ €/Monat |
| Zusätzliche nicht-monetäre Leistungen (spezielles Dienstzeitenmodell oder ähnliches): ______ |
| Betriebszugehörigkeit seit: ____________________ |
| Datum der letzten Gehaltserhöhung: ____________________ |
| Gewünschte Veränderung: + __________ €/ Monat |
| Aus den folgenden Gründen halte ich meine gewünschte Veränderung für gerechtfertigt:<br>____________________ |
| Befürwortung direkter Vorgesetzter: ☐ ja ☐ nein<br>Weil: ____________________ |

Hören Sie nach Abgabe des Formulars nichts mehr von oben? Dann bleiben Sie hartnäckig und bitten Sie um einen persönlichen Gesprächstermin. Im Gespräch nehmen Sie Ihr kopiertes Exemplar des Formulars mit. Gehen Sie es zusammen mit Ihrem Arbeitgeber durch und artikulieren Sie klar Ihren Wunsch der Gehaltserhöhung.

**Wichtig**

Pokern Sie mit der Summe eher hoch, denn Ihr Arbeitgeber braucht auch einen gewissen Spielraum. Wenn Sie sich am Schluss in der Mitte treffen, haben Sie einen guten Kompromiss gefunden. Sie können zufrieden und stolz auch sich sein.

8

## 8.8 Stärken Sie Ihre Selbstachtung

Fühlen Sie sich im Alltag häufig fremdbestimmt? Haben Sie manchmal das Gefühl, dass Ihnen Ihr innerer Kompass abhandengekommen ist? Dann kann das daran liegen, dass Sie Ihr Gespür für Ihre Selbstachtung, sprich: Ihre Würde, verloren haben. »Die Würde des Menschen ist unantastbar« – so heißt es im Grundgesetz. Haben Sie in Ihrem Arbeitsalltag nicht auch alle das Bedürfnis, das Leben Ihrer Pflegekunden so würdevoll wie möglich zu gestalten? Aber was ist mit Ihnen? Ein fordernder Beruf in einer Führungsposition, ein anstrengendes Privatleben – zu oft verlieren wir Sie sich selbst dabei aus dem Blick. Es wird Zeit, wieder mehr an Ihrer Selbstachtung zu arbeiten. Das ist, zum Glück, nicht schwer, bringt aber viele Vorteile.

## 8.9 Die acht Stärken der Selbstachtung

Eine gesunde Selbstachtung schenkt Ihnen acht Stärken. Diese ändern Ihre innere Haltung – vor allem sich selbst, aber auch gegenüber anderen.

1. Wahrnehmung: Sie nehmen Ihre eigenen Gedanken und Gefühle wahr und ernst.
2. Wertschätzung: Sie sind wertvoll und sich dessen bewusst. Das leben Sie auch in Begegnungen mit anderen Menschen.
3. Bewusstsein: Sie spüren Ihre Einzigartigkeit und schätzen all Ihre Eigenschaften und Erfahrungen, die guten, aber auch die weniger guten.
4. Sinn: Sie besitzen ein Gespür für sich selbst, nehmen Ihre Bedürfnisse ernst und richten Ihr Handeln danach aus. Das verleiht Ihrem Leben einen tieferen Sinn.
5. Mitgefühl: Sie respektieren Ihre Unsicherheiten sowie Unzulänglichkeiten und nehmen auch leidvolle Gefühle wie Schmerz, Angst oder Wut an.
6. Widerstandsfähigkeit: Nach einem Angriff auf Ihre Selbstachtung (Verachtung, Missachtung) richten Sie sich körperlich, geistig, seelisch und sozial wieder auf.
7. Freundlichkeit: Auch Ihre ungeliebten Seiten sind ein Teil von Ihnen. Sie begegnen ihnen freundlich und respektieren sie.
8. Respekt: Sie achten und würdigen sich als Person. Sie nehmen Ihre ungeliebten Seiten wahr und auch Kritik von respektvollen Menschen gern an.

Mit ganz einfachen Übungen lässt sich Ihre Selbstachtung nach und nach aufbauen und verstärken. Im Folgenden beschreibe ich Ihnen drei Übungen, die Sie ganz einfach in den Alltag integrieren können. Führen Sie sie regelmäßig durch. Nach einiger Zeit spüren Sie, wie sich Ihre Selbstachtung stärkt. Ich wünsche Ihnen bei diesem wichtigen Thema ganz viel Erfolg.

### Ihre Übung: Selbstachtsamkeit

Hier steht Zeit für Sie und Ihre Bedürfnisse im Vordergrund. Die Kunst, bewusst alles auszublenden, können Sie mit dieser Atemübung trainieren: Suchen Sie sich für 10 Minuten einen ungestörten, ruhigen Platz. Nehmen Sie in einer bequemen Sitzhaltung drei Züge lang bewusst wahr, wie Sie ein- und ausatmen. Legen Sie nun eine Hand dorthin, wo Sie die Luft am deutlichsten spüren, und die andere Hand dorthin, wo Sie Ihren Atem auch gern so spüren würden. Konzentrieren Sie sich nur auf Ihre Atmung.

### Ihre Übung zu »einen Schritt zur Seite treten«

Hier sollen Sie lernen, Distanz zu belastenden Dingen zu gewinnen. Lässt Ihnen ein belastendes Erlebnis keine Ruhe? Suchen Sie sich spontan einen Platz aus, z. B. im Haus, in der Natur, der gut zu Ihrer Gefühlslage passt. Würdigen Sie dort, was Sie denken und spüren. Machen Sie nun einen realen Schritt beiseite. Wohin? Wie weit? Folgen Sie Ihrem Bauchgefühl. Wie geht es Ihrer Selbstachtung an diesem neuen Ort? Wie wirkt das belastende Erlebnis von hier aus auf Sie? Was werden Sie in Zukunft für Ihre Selbstachtung tun?



### Ihre Übung: So klingen Sie

Hier ist das Ziel, ein SOS-Mittel bei akuten Beeinträchtigungen Ihrer Selbstachtung zur Hand zu haben. Welche Musikstücke klingen für Sie nach Selbstachtung? Vielleicht »Eye of the tiger« von Survivor? Welche Melodien bereichern dieses Gefühl bei Ihnen? Stellen Sie sich z. B. auf Ihrem Smartphone eine persönliche Hitliste zusammen. Diese päppelt Sie bei akuten Rückschlägen wieder auf.

## *Mein Fazit: Konzentrieren Sie Ihre Energie auf die Basics*

In der Einleitung hatte ich geschrieben, dass die gute Mitarbeiterführung kein Hexenwerk ist. Wie geht es Ihnen nach der Lektüre meines Buches – würden Sie meine Aussage unterschreiben? Natürlich sind die einzelnen Strategien, jede für sich, eine Herausforderung und Ihre Umsetzung vor Ort sicher nicht immer einfach. Aber: Bei der Lektüre konnten Sie feststellen, dass die verschiedenen Strategien an der Basis der Mitarbeiterführung, sozusagen dem kleinen 1x1 ansetzen. Das ist eine gute Nachricht, bedeutet es doch, dass es für Ihre erfolgreiche Führung keine hochwissenschaftlichen Abhandlungen oder Umsetzungen braucht.

Das hat auch die Politik erkannt. Der Pflegebevollmächtigte der Bundesregierung, Andreas Westerfellhaus, sagte im Rahmen des Projektstartschuss für gute Arbeitsbedingungen in Pflegeeinrichtungen (GAP) im Januar 2021: *»Schon vor der Pandemie gab es Handlungsbedarf in der Pflege, der aktuell verstärkt sichtbar wird. Wir wissen: menschenwürdige Pflege ohne Hetze braucht gute Arbeitsbedingungen. Und nur mit guten Arbeitsbedingungen können wir genügend Menschen für die Pflege begeistern. Daher müssen wir alle Einrichtungen bei der Implementierung guter Arbeitsbedingungen unterstützen.«* Westerfellhaus konnte 2019 in einem Pilotprojekt nachweisen, dass sich die Arbeitsbedingungen durch Beratung vor Ort, Schulungen der Führungskräfte und anschließende Umsetzungsbegleitung durch externe Unternehmensberater verbessern lassen.[17]

Meine Meinung dazu: Die besten Berater vor Ort sind Sie! Sie als Leitungskraft führen Ihre Mitarbeiter*innen tagtäglich. Sie erkennen Schwachstellen zeitnah und haben jetzt auch Strategien zur Hand, wie Sie Probleme sinnvoll lösen können. Ich rate Ihnen, sich in Ihrer Rolle als Leitungskraft kontinuierlich weiterzubilden und zu entwickeln. Setzen Sie an den Basics an: Ihrer gesunden Selbstführung, der Vereinbarkeit von Beruf und Familie für Ihre Mitarbeiter*innen, der Integration der neuen fachlichen Vorbehaltsaufgaben und der gezielte Aufgabenaufteilung zwischen den einzelnen Berufsgruppen, Ihrer Mitarbeiterführung im persönlichen Gespräch, der Ruhe, die Sie auch in stressigen Situationen bewahren, dem strategische Aufbau Ihres Teams und dem Ausbau Ihrer Machtposition, um Ihre Ziele auch nachdrücklich durchzusetzen – das sind die Themenfelder, auf die Sie sich als Leitungskraft vor Ort konzentrieren sollten. Ich wünsche Ihnen viel Erfolg dabei!

---

[17] https://www.pflegebevollmaechtigter.de/details/arbeitsbedingungen-in-der-pflege-verbessern-durch-berater-vor-ort.html

## *Literatur*

Adams M (2019): QT – Question Thinking: Die Kunst, die richtigen Fragen zu stellen. dtv, München.

Behrendt F (2018): Liebe dein Leben und nicht deinen Job: 10 Ratschläge für eine entspannte Haltung. Pinguin, München.

Kämmer K, Link J (2019): Management in der ambulanten Pflege. Schlütersche, Hannover.

Kellnhauser E (2004): Welche Möglichkeiten der Gefühlsarbeit hat die Pflege nach A. Strauss? In: Schewior-Popp (2004): Thiemes Pflege. Professionalität erleben. Thieme, Stuttgart.

Koslowski G (2018): Resilienz in der Pflege. Schlütersche, Hannover.

Land Rheinland Pfalz, Ministerium für Wirtschaft, Klimaschutz, Energie und Landesplanung (Hrsg.) (2011): Strategie für die Zukunft. Ein Leitfaden für Unternehmen zur Bindung und Gewinnung von Mitarbeiterinnen und Mitarbeitern.

Lundin SC, Paul H, Christensen J (2015): Fish™: Ein ungewöhnliches Motivationsbuch. Goldmann, München.

Oldham J, Morris L (2010): Ihr Persönlichkeits-Portrait: Warum Sie genauso denken, lieben und sich verhalten, wie Sie es tun. Klotz, Magdeburg.

Richter, H (2002): Lernerfolgsüberprüfung im Lernfeldkonzept, Werkstattbericht.

Rogers, C (1983): Therapeut und Klient. Grundlagen der Gesprächspsychotherapie. Fischer Verlag, Frankfurt am Main.

Rosenberg. M (2016): Gewaltfreie Kommunikation. Eine Sprache des Lebens. Junfermann Verlag, Paderborn.

Seiwert, L (2018): Wenn du es eilig hast, gehe langsam: Wenn du es noch eiliger hast, mache einen Umweg. Campus, Frankfurt am Main.

Ware, B (2015): 5 Dinge, die Sterben am meisten bereuen: Einsichten, die Ihr Leben verändern. Goldmann, München.

# Register